AF441792

* 9 7 8 9 9 4 8 0 4 4 7 5 8 *

الكاتبة فايزة عماد خليفة..

وُلدت في دولة الإمارات العربية المتحدة في تاريخ 1999-11-14، وتربَّت على أرضها.

والدها مصري الجنسية، ووالدتها أردنية، لديها ثلاث شقيقات فقط وهن (منيرة، ريم، وأميرة) ، حصلت على علامات عالية في المدرسة، وكذلك حصلت على امتياز مع مرتبة الشرف عندما تخرجت في الجامعة، وتم تعليق صورها على حائط الجامعة.

تحب القراءة والكتابة منذ نعومة أظفارها، وكان حلمها أن تصبح كاتبة منذ الصغر.

الإهداء

لكل فتاة تعاني من الانتقادات بسبب وزنها الزائد.

لكل فتاة تبدو ملامحها أكبر من عمرها الحقيقي.

لكل فتاة ظهر الشيب في شعرها قبل سن العشرين.

لكل فتاة تعاني من العنف الأسري ومن التنمُّر.

لكل فتاة أخبرها أحدهم بأنها قبيحة، وبأنها ستبقى آنسة إلى الأبد.

لكل فتاة لم تستطع النوم في ليلة من الليالي؛ بسبب كلمة جارحة سمعتها من شخصٍ ما.

فايزة عماد خليفة

حكيمة

AUSTIN MACAULEY PUBLISHERS™
LONDON • CAMBRIDGE • NEW YORK • SHARJAH

شكر وتقدير

شكر واجب..

أشكر أبي وأمي وأخواتي الثلاث (وبالأخص أختي أميرة)، على دعمهم لي وتحملهم إزعاجي لهم ولأفكاري الغريبة عليهم.

أشكر دكتوري الفاضل (نصر عباس) على مساعدته لي، وتشجعيه الدائم لي كي أستمر بالكتابة، وعلى تصحيحه للأخطاء اللغوية والنحوية، وعلى كل ما قدمه لي من جهود مشكورة ودعم كبير.

أشكر صديقاتي جميعهن بلا استثناء؛ على وقوفهن بجانبي، ودعمهن لي، وتشجيعهن الدائم لي كي أستمر بالكتابة، وعلى محبتهن ومشاعرهن الصادقة.

أشكر الجندي المجهول الذي دعمني دعماً كبيراً وساعدني حتى أستمر.

أشكر أستاذي الفاضل (فخري) على إطلاقه هذا اللقب عليّ؛ لأن هذا اللقب هو من أعطاني الإلهام كي أكتب هذه الرواية.

وبالطبع أشكر كل شخص دعمني مادياً أو معنوياً حتى أستمر بالكتابة، حتى تصل هذه الرواية لكم، أيها القراء الأعزاء.

ما هو سبب اختياري لهذا الاسم للرواية ولبطلة الحكاية؟ عندما كنت في الشدة الأخيرة من المرحلة الثانوية، كان أستاذ الرياضيات يلقبني دائماً بهذا اللقب وهو (حكيمة)، في الحقيقة لا أعلم ما هو السبب الحقيقي وراء هذا اللقب، ولكنه أخبرني ذات مرة أن وجهي يبدو وكأنه وجه حكيمة (طبيبة)، وأيضاً أخبرني أن أكثر ما يعجبه في شخصيتي هو حكمتي، فأصبح هذا اللقب مرتبطاً بي أينما ذهبت، لذلك لم أجد أنسب لبطلة روايتي من (حكيمة) اسماً.

مقدمة

أنا لا أبحث عن الشهرة، ولست محترفة للكتابة، ولكن لدي بعض الأفكار التي أريد أن أوصلها للجميع حول الفتيات اللواتي لديهن بعض الوزن الزائد، وحول الفتيات اللواتي تبدو ملامحهن أكبر من عمرهن الحقيقي، وحول الفتيات اللواتي يتعرضن للعنف الأسري وللتنمر، ولم أجد طريقة مناسبة لإيصال أفكاري ومشاعري أكثر من الكتابة؛ لأن الكتابة هي صوتنا الجريء، الذي يعبر عن أفكارنا، رغباتنا، ومشاعرنا بدون الحاجة لنطق كلمة واحدة.

هيا لنبدأ حكاية حكيمة.. أتمنى لكم قراءة ممتعة!

داخل أرجاء إحدى المستشفيات..

الطبيب: مبارك سيدتي، ستصبحين أماً للمرة الثانية.

الزوجة بدهشة: حقاً! منذ متى وأنا حامل؟ وابنتي الأولى لم تكمل عامها الأول بعد![1]

الطبيب: منذ أربعة أشهر تقريباً، والغريب هو عدم ملاحظتك لذلك، رغم كبر حجم بطنك، وكذلك لا تقلقي: لأن حالتك عادية جداً.

الزوجة: ظننتُ أن بطني منتفخ بسبب ولادتي لابنتي الأولى.

الطبيب: لا بأس يا سيدتي، أتمنى من الله أن يتمم هذا الحمل على خير.

---

[1] الزوجة سيدة تقليدية في بداية العقد الثالث من عمرها، تتمتع بشخصية جدية وعصبية معظم الوقت، لديها قلب طيب، ومشاعرها جياشة، ولكنها لا تسمح لنفسها بإخراج تلك المشاعر، لذلك يفهم الجميع مشاعرها بشكل خاطئ، تتميز بعشقها لأعمال المنزل والنظافة الزائدة، فلذلك يلجأ الجميع إليها في الأمور التي من هذا القبيل، كالطبخ، تنظيف المنزل، ترتيب الملابس وغيرها.

الزوج: هل يمكننا معرفة جنس الجنين الآن؟[2]

الطبيب: بالطبع نعم، فزوجتك الآن حامل في شهرها الرابع، ومن الممكن معرفة جنس الجنين. هل تريدون فتاة أم صبياً؟

الزوجة: كل شيء من الله خير، والأهم أن يكون الطفل مكتملاً وبحالة جيدة، هل يمكنك أن تخبرنا الآن؟

الطبيب وهو يبتسم بعد أن نظر لجهاز السونار: سيصبح لديكم ابنتان إن شاء الله.

الزوج: سيصبح لأنوار أخت صغيرة كي تلعب معها، أنا سعيد جداً بذلك!

الزوجة: وأنا أيضاً.

****

مرت أيام الحمل بسرعة، وكانت فترة حمل الزوجة سهلة، وولادتها سهلة أيضاً.

---

[2] الزوج رجل تقليدي في بداية العقد الثالث من العمر أيضاً، ويكبر الزوجة بأشهر معدودة، يتمتع بشخصية عصبية وبقلب أبيض، فدائماً يحاول أن يرضي الجميع على حساب نفسه وعائلته.

الزوجة تفتح عينيها.

الزوج: الحمد لله على سلامتك يا عزيزتي. لقد رزقنا الله بفتاة جميلة، سوف أطلق عليها اسم (حكيمة).

الزوجة بدهشة: حكيمة! هل أنت متأكد من ذلك؟

الزوج: بالطبع، هذا اسم حماتي الحنون التي عوضتني عن حنان أمي البعيدة، وأيضاً لقد سميت ابنتنا الأولى أنوار على اسم والدتي، ومن حقك أن تسمي ابنتنا الثانية على اسم والدتك.

الزوجة: حسناً، كما تشاء يا زوجي العزيز.

****

الزوج يخرج من غرفة الولادة، ويصرخ بصوت مرتفع: جاءت حكيمة، جاءت حكيمة!

الجدة حكيمة بصدمة: حكيمة! لا أصدق هذا، كم أنا مسرورة لقدوم حفيدتي حكيمة للدنيا، وسوف أتكفل بجميع مستلزماتها!

الجد: الحمد لله على سلامة الأم والابنة، خذ هذا المبلغ هدية مني لحكيمة الصغيرة.

والد حكيمة: هذا المبلغ كبير جداً!

الجد: لا شيء أغلى من حكيمة، فهي الغالية ابنة الغاليين.

والد حكيمة: شكراً لك يا عمي.

الجد: لا شكر على واجب.

في المساء داخل المستشفى..

السيدة الغريبة وهي توجه الكلام لوالدة حكيمة: كم عدد أبنائك؟

والدة حكيمة: لدي ابنتان، أنوار تبلغ من العمر سنة، وهذه حكيمة لقد أنجبتها هذا الصباح.

ودار بينهما حوار طويل، وإذ بالسيدة الغريبة تسأل والدة حكيمة سؤالاً أشد غرابة منها: هل يمكن أن تعطيني حكيمة؟ وسوف أعطيكِ كل ما تريدين.

والدة حكيمة: ماذا ؟! أتدركين ما تقولينه ؟ كيف أعطيكِ ابنتي، فلذة كبدي ؟!

السيدة الغريبة وهي تحاول حبس دموعها: لقد أنجبت عدداً من الأطفال، ولكن كلما أنجبت طفلاً، يموت بسبب عيب خلقي أو نقص الأكسجين، وأتمنى الحصول على طفل واحد فقط كي يعوضني عما خسرته.

والدة حكيمة: أنا آسفة حقاً، ولكن ما تطلبينه مستحيل، وأتمنى أن يعوضك الله عما خسرته، وبإذن الله سيكون أبناؤك من طيور الجنة.

السيدة الغريبة: لا بأس، الحمد لله على كل حال.

والدة حكيمة: ونعم بالله.

لم تنم والدة حكيمة في تلك الليلة خوفاً على حكيمة من تلك السيدة الغريبة، فمن الممكن أن تأخذها وتفر هاربة.

وفي اليوم التالي خرجت والدة حكيمة من المستشفى بالرغم من تعبها الشديد، لكنها لم تحتمل البقاء في المستشفى خوفاً على حكيمة.

****

في الحقيقة لم تكن حكيمة في غاية الجمال كأختها أنوار، فعندما ولدت أنوار كانت شديدة البياض، زرقاء العينين، بخلاف حكيمة التي كانت حنطية، بنية العينين، ومموجة الشعر.

وكانت حكيمة طفلة قليلة النوم وكثيرة البكاء، لكن كانت محبوبة بالعائلة وبخاصة من قِبل جدتها حكيمة التي كانت

تدللها وتلعب معها كثيراً، فكما يقول المثل: "أعز من الولد،
ولد الولد".

****

مرَّت الأيام ورُزق والدا حكيمة بالابنة الثالثة (مرام)، كانت
حكيمة حينها تبلغ من العمر عامين، وبدأ والداها بإهمالها
والاهتمام بمرام، مما أثر على نفسيتها كثيراً.

كما كانت أنوار متسلطة وقاسية على حكيمة بلا سبب؛
فكانت تبرحها ضرباً وتأخذ ألعابها، ولم يهتم والداها لذلك
الأمر، برغم ملاحظتهما لتنمر أنوار على حكيمة؛ فأصبحت
حكيمة ضعيفة الشخصية منذ ذلك الحين.

****

بعد شهرين تقريباً رن هاتف والد حكيمة في ليلة من الليالي
الباردة المخيفة.

والد حكيمة: نعم! لا حول ولا قوة إلا بالله، سوف نأتي
الآن.

والدة حكيمة: ما بك؟ ما الذي حدث؟

والد حكيمة: لا شيء، جهزي البنات وهيا بنا إلى منزل أهلك.

والدة حكيمة بقلق: ما الذي حدث؟ أرجوك أخبرني، هل توفي والدي؟ لقد كان مريضاً جداً في الفترة الأخيرة.

والد حكيمة: لااااا! هيا بنا وأرجوكِ توقفي عن طرح الأسئلة.

وصلوا إلى منزل الجد والجدة، وللأسف عَلِم الجميع ما حدث، لقد انتقلت الجدة حكيمة إلى رحمة الله.

****

وسط بكاء الجميع؛ شعرت حكيمة بالحزن الشديد، في الواقع لم تكن تعرف ما هو الموت، لكنها أدركت أنها لن ترى جدتها حكيمة مرة أخرى مدى الحياة، وبالرغم من صغر سنها؛ إلا أنها قد أدركت أن مصير الأشخاص كلهم هو الموت، وأن هذه هي سنة الحياة، وأدركت أن هناك أشخاصاً تأتي للدنيا وأشخاصاً تذهب ذهاباً لا عودة بعده.

في الواقع لم يتوقع أحد وفاة الجدة حكيمة، لقد كانت في بداية عقدها الخامس، وكانت بصحة جيدة نوعاً ما، والغريب أنها قد اتصلت على والدة حكيمة في ذلك اليوم كي تدعوها لتناول العشاء معها، وأخبرتها بأنها متشوقة لحفيداتها وبالأخص حكيمة، لكن والدة حكيمة رفضت بسبب تأخر الوقت وبسبب بُعد المسافات، لم تعلم حينها بأن الجدة حكيمة كانت ترغب بتوديع الجميع.

كان جد حكيمة مريضاً داخل المستشفى في ذلك الوقت، وعندما عاد إلى المنزل بعد أسبوع، دخل يبحث عن زوجته، وبدأ يبكي ويصرخ كالمجنون عندما أخبروه بخبر وفاتها، كان يحبها كثيراً، لكنه كان كتوماً، ولا يعبر عن مشاعره بسهولة، وللأسف لم يعرف قيمة زوجته إلا بعد رحيلها، واشتدت عليه أعراض المرض كثيراً بعد وفاة زوجته، فكانت والدة حكيمة تحاول أن ترعاه وأن تقدم له المساعدة، ولم تتوقف عن رعايته، حتى بعد أن علمت بخبر حملها بطفلها الرابع.

****

بعد فترة رُزقت حكيمة بالأخت الرابعة (جميلة)، شعرت حكيمة بالسعادة لقدوم طفل جديد للعائلة، ونظرت إلى جميلة لكي تتأمل ملامحها بتمعن، وبدأت تسأل: هل كنت صغيرة الحجم مثلها؟ لِمَ لا يسمح والديّ لي بحملها؟ هل ستلعب معي عندما تكبر؟

****

مرت الشهور وجاءهم خبر وفاة جدها، فلم يتحمل العيش بدون زوجته، وكذلك لم تتوفر له الرعاية الكاملة؛ فاشتد المرض عليه، وانتقل إلى رحمة الله.

وصل الخبر لوالدة حكيمة؛ فبدأت تبكي، وشعرت بأن سندها قد ذهب، ولكنها حمدت الله؛ لأن وضعه كان متدهوراً في الفترة الأخيرة، وشعرت حكيمة بالحزن؛ لأنها لن ترى جدها مرة أخرى مثل الجدة حكيمة، لكن سرعان ما شعرت بالأمل حين أخبرتها والدتها بأن جدها سوف يذهب للجنة ليقابل جدتها حكيمة، وبأنهم سيذهبون أيضاً، ولكن بعد فترة لا يعلمها إلا الله.

19

****

كانت حكيمة تكبر يوماً بعد يوم كالزهرة، فقام والداها بتسجيلها في الروضة القريبة من منزلها؛ فقد أصبح عمرها الآن أربعة أعوام ونصف العام، لم تكن حكيمة خائفة أبداً؛ لكنها لم تعتد على الذهاب لأي مكان بمفردها.

دخلت الصف المدرسي للمرة الأولى وبدأت تنظر بفضول ودهشة لكل شيء، فهذه هي المرة الأولى التي ترى بها هذا العدد من الأطفال مجتمعين في مكان واحد، وبعد ذلك جلست على أحد المقاعد، وأخرجت الدفتر والألوان لكي ترسم، وبعد لحظات قليلة تركت الدفتر، وبدأت بتكوين صداقات بسهولة، وأصبح لديها عدد من الصديقات في وقت قصير؛ فقد كانت تتميز بابتسامتها العفوية البريئة، فوق ما اتَّسمت به من طيب الأخلاق واللباقة.

اكتشف والداها بأنها طفلة ذكية ومتفوقة في دراستها، فقد كانت تحفظ الحروف الأبجدية، والأرقام، والألوان بسرعة، كما كانت تحل واجباتها بحماس، بدون مساعدة من أحد.

لكن أكثر ما كان يزعجها هو صعوبة النوم والأرق الذي كانت تعاني منه؛ حيث كانت تبكي دائماً قبل الذهاب للنوم؛ لأنها تعاني من الكوابيس المزعجة في كل ليلة، كما كانت تخاف كثيراً من الظلام، لكن أنوار كانت تطفئ جميع أضواء الغرفة كل ليلة، وعندما كانت حكيمة تعترض؛ كانت أنوار تبرحها ضرباً.

ولاحظ كثيرون ملامح الحزن على وجه حكيمة، ولم يعرف أحد ما سبب ذلك الحزن، حتى حكيمة لم تكن تعلم ما بها، الشيء الوحيد الذي تعلمه هو أنها تخاف أن تشعر بالسعادة؛ لأن الحزن سيأتي بعدها مباشرةً كما كانت تظنه، فهو كالتوءم الطفيلي الذي يلتصق بالسعادة ويصعب فصله عنها، وهذا كان هاجس حياتها الرئيس.

****

ربما عمّق من حزنها أنها ظلت تُعاني من الإهمال والعنف الأُسري كذلك؛ حيث كان والدها يضربها لأتفه الأسباب، ويحبسها في أماكن مظلمة، رغم معرفته لعقدتها وخوفها من الظلام، في حين كانت والدتها لا تعاملها برفق كباقي أخواتها،

وكانت توبخها وتصرخ فيها لأتفه الأسباب؛ مما جعل أخواتها يقلدن ما يشاهدن من ضرب وكلام بذيء، وبالأخص أنوار التي كانت تضربها، وتأخذ كل ممتلكاتها المفضلة، وفي بعض الأحيان كانت حكيمة تضطر للكذب على صديقاتها والمعلمات عندما كانت أي واحدة منهن تسألها عن سبب الكدمات التي في وجهها.

ولم تكتفِ أنوار بضربها فقط، بل كانت تحاول تدمير علاقاتها بصديقاتها وبالجميع، وكانت تفشي أسرار حكيمة لكل شخص تراه، وتفضح كل نقاط ضعف حكيمة أمام الجميع، كخوفها من الظلام، القطط، الحشرات، وغير ذلك من الأمور.

تعمدت حكيمة أن تخبر والدتها بما تفعله أنوار بها؛ فكانت ردة فعل والدتها باهتة، ولم تعرها انتباهها ولم توجه لها اهتمامها، لكنها بعد صمت قالت لها: لا بأس.. اصبري يا حكيمة، اصبري وحسب.

ثم إنها أخبرت والدها بذلك أيضاً طمعاً في مساعدته لها؛ لكنه رد ببرود قائلاً: إنها أختك الكبرى، وعليها أن تعلمك الأدب، وأن تفعل ما تريد بكِ؛ لأنها ولدت قبلك، ولأنها على اسم أمي الغالية.

صدمتها المفاجأة، ووسط دموعها قالت: إنها أكبر مني بعام واحد فقط!

وزادت مساحة حزنها وصدمتها حين قال لها والدها: حتى إن كانت أكبر منكِ بيوم واحد فقط؛ ستظل أختك الكبرى، ولها الحرية بأن تفعل ما تشاء.

وحين حاولت أن تجيب بشيء، قال مقاطعاً: انتهى النقاش، اغربي عن وجهي، أريد مشاهدة المباراة!

ذهبت حكيمة لتبكي في الحمام، وأدركت منذ ذلك الوقت بأن (أنوار) ستبقى عقبة كبيرة أمامها مدى الحياة، وأن لا أحد سيساعدها للتخلص من هذه العقبة.

****

أصبحت حكيمة وسط هذا العالم القاسي تفضل الذهاب للمدرسة على البقاء في المنزل؛ فالمدرسة مكان منظم وبه قانون يحكمها، فعندما كان زميلها بالصف يزعجها أو يؤذيها، كانت تذهب للمعلمة وتخبرها بما فعل، فيكون موقف المعلمة رائعاً؛ إذ تأخذ لها حقها وتجبر زميلها على الاعتذار لها. لقد كان اسمى ما تود سماعه ممن يخطئ في حقها أو يؤذيها هو كلمة "آسف" كي تسامحه وتحاول أن تنسى ما حدث، حتى تتخلص من ذلك الشعور المؤلم الذي تشعر به عندما يظلمها أحد.

يوماً بعد يوم كانت تدرك بأن معظم الأحلام مستحيلة، وبأنه من الصعب تغيير واقعها المُر.

مع الأيام؛ امتد ظلم وطغيان أنوار فأصبحت تستولي على أي شيء تحصل عليه في المناسبات، كالأعياد أو حتى ما تحصل عليه من مصاريف يومها البسيطة المحدودة التي يعطيها لها والدها، بل كانت في كثير من الأحيان تهددها إن أخبرت أحداً بأن تضربها بل تقتلها، بما اضطر حكيمة لأن تصمت، وبخاصة أنها بما تفعله معها، بأن والديها لن يفعلا أي شيء لمساعدتها.

فقدت حكيمة شغفها بالحياة وهي ما زالت في عمر الزهور، في ظل خوفها وحزنها الشديدان، فاعتادت على الصمت وتجرع مرارة ضياع حقوقها، وأنتابها احساس بأنها لن تجد من يدافع عنها أو حتى يستمع إليها.

****

مرت السنوات بسرعة كبيرة، وأصبحت حكيمة من المرحلة الابتدائية في الصف الخامس وانتقلت لمدرسة جديدة؛ لأن مدرستها القديمة أُغلقت لأسباب ما، مما سبب لها حالة من التوتر النفسي حيث خسرت أصدقاء طفولتها؛ لذا كانت

الأسابيع الأولى في المدرسة الجديدة صعبة جداً عليها، حيث تعرضت حكيمة لكثير من حالات التنمر، حيث كان من الصعب فهم حديثها لزميلاتها؛ بسبب اختلاط اللهجات في حديثها، فقد اختلطت جنسية والدها بجنسية والدتها، مما أدى إلى حدوث هذا الاختلاط في لهجة حكيمة، حيث كانت لهجتها غريبة نوعاً ما، مما جعل عدداً من زملائها يسخرون منها، مما أثر على حالتها النفسية؛ لأنها لم تكن تعلم بأن هناك أشخاصاً يتعاملون بشكل لا يخلو من عنصرية معها، كما أنها أدركت بأن اختلاف جنسية والديها سيؤثر عليها بصورة سلبية مدى الحياة.

وكان في فصلها الدراسي مجموعة فتيات متنمرات إذ قامت إحداهن بنشر بعض الشائعات عن حكيمة، مما جعل معلمة اللغة العربية تغضب وتوبخها أمام الجميع، كما حرمتها معلمة التربية الرياضية من أداء الرقصة في اليوم الوطني، وكذلك قامت هذه المعلمة بضربها أمام الجميع، كما حرمتها معلمة الرياضيات من علامات السلوك السنوية، كما حدث لها كثير من المواقف السيئة التي سببت لها حزناً وألماً عظيمين. كانت تعيش لحظات حزنها رفيقة لدموعها دون أن تبث أحداً

أحزانها، واضطرت أن تصمت، ولم تخبر أحداً بما حدث؛ خوفاً من الوقوع في مشكلات مع الفتيات المتنمرات.

وبرغم حزنها وضيقها حاولت بكل جهدها أن تقم علاقات صداقة مع بعض زميلاتها، لكن العلاقات باءت بالفشل، وبرغم ذلك كله كان عليها أن تتأقلم مع ذلك الوضع مع صعوبته الشديدة، إذ كانت الوحدة أفضل بكثير من البقاء مع أشخاص غير مناسبين.

****

عندما أصبحت في الصف السادس شعرت بخوف مفاجئ، وكأن مكروهاً سيحدث لأحدهم، وأول من خطر في بالها هو جدتها أنوار، التي لم ترها منذ ولادتها؛ بسبب بُعد المسافات.

وللأسف كان شعورها في محله، حاولت الاتصال بجدتها؛ لكنها لم ترد عليها، بل ردت زوجة أحد أعمامها بطريقة قاسية وجافة وأخبرتها بأن جدتها أنوار مريضة على فراش الموت.

لم تصدق حكيمة ما سمعته وأخبرت والدها بذلك، وعندما تأكد هو من الخبر قام بتجهيز حقيبة السفر بسرعة، واقترض بعض المال من صديقه، وحجز أقرب موعد للطيران

حيث حالفه الحظ بوجود موعد إقلاع لطائرة بعد سويعات قليلة، فسافر ليرى والدته فقد لا تتاح له فرصة رؤيتها من جديد.

كانت حكيمة تريد الذهاب مع والدها، ولكن كانت في فترة الامتحانات الدراسية، كما أن الوضع المادي لا يسمح بذلك، فلم تستطع الذهاب، وعادت بذاكرتها للوراء، فتذكرت أخر مكالمة لها مع الجدة أنوار.

حكيمة: أنا أحبك كثيراً يا جدتي، وأتمنى رؤيتك في أقرب وقت ممكن.

الجدة أنوار: أشعر بأنني لن أراكم، أشعر بأنكم لن تأتوا لزيارتي إلا وأنا على فراش الموت.

وكأن الجدة كانت تتوقع ما سيحدث.

دخل والد حكيمة على الجدة في غرفتها القديمة التي تحتوي على أثاث قديم متهالك، وبدأ بتقبيل رأسها ويديها، ففتحت عينيها قليلاً، لكنها لم تتمكن من التحدث معه، ثم جلس معها قليلاً، ولم يمض وقت طويل حتى كانت قد فارقت الحياة.

بكى والد حكيمة لفراق والدته بكاء مرًّا، وأحس أنه فقد كل ما يملك، بكى لأنه لم ير والدته منذ أكثر من عشرة أعوام؛ بسبب انشغاله بالعمل وبسبب ظروفه المادية الصعبة.

في اليوم التالي لوفاة الجدة اتصل ليخبر زوجته وبناته بخبر وفاة الجدة أنوار، فكان الخبر فاجعة كبيرة للجميع، لقد كانت الجدة أنوار نموذجاً للطيبة والإنسانية، ولم تكن تقحم نفسها في حياة أي ممن حولها، فعندما اختار والد حكيمة الزواج من امرأة من جنسية مختلفة؛ لم تتدخل في ذلك، ولم تعترض بل شجعته على الزواج وأخبرته بأنَّ راحته النفسية واستقراره في حياته هو أهم شيء تطمح إليه.

انزوت حكيمة في غرفتها حزينة باكية على فقدان جدتها؛ فقد كانت تحلم برؤيتها هي وجدها، لكنها لم تجد الفرصة لذلك، فقد توفي الجد قبل ولادتها بسنوات طويلة، وها هي تفقد الآن جدتها أيضاً. كان يوم وفاة الجدة صعباً وقاسياً؛ ولم تتمكن حكيمة من متابعة دروسها في ذلك الوقت برغم أنها في فترة الامتحانات، لكنها برغم ذلك حاولت أن تتماسك وأن تكمل مسار حياتها العلمي برغم قسوة الحدث وشدته على نفسها.

في المرحلة الإعدادية من دراستها؛ بدأت حكيمة تشعر بأنها أصبحت أكثر نضجاً، بل شعرت بأن جسدها أصبح كباقي الفتيات اللواتي في عمرها، حيث التغيرات البيولوجية السريعة وأخذ وزنها يزيد بشكل سريع، فبدا جسدها أكثر امتلاءً، مما دفع الجميع للسخرية من وزنها الزائد، وأخذ الجميع يوجهون لها تعليقاتهم التي تجرح مشاعرها سواء في المنزل من أفراد العائلة، أو في المدرسة بل حتى في الشارع.

كان الجميع في المنزل يلقبونها بأبشع الألقاب، فيقولون أنت مثل: البقرة، الفيلة أيضاً. كما أن والدتها حرمتها من مرافقتها في زياراتها لصديقاتها أو لأي مكان وكانت تأخذ أنوار معها في معظم الأوقات، في حين تُبقي حكيمة في المنزل؛ فأنوار كانت أجمل وأكثر نحافة من حكيمة، وفوق ذلك كانت والدتها تمنع عنها الطعام في كثير من الأوقات؛ كي لا يزيد وزنها أكثر.

كان والدها يسخر دائماً من وزنها الزائد ومن جسدها الممتلئ، ويخبرها بأن عليها أن تجد وسيلة لإنقاص وزنها؛ لأنه كما كان يقول لا يشرفه بأن تكون ابنته سمينة، وعندما كانت

حكيمة تتبع أيَّ حمية غذائية؛ كان يخبرها بأنها ستبقى سمينة مهما فعلت.

كانت أخواتها يسخرن منها في بعض الأحيان أيضاً، ويتباهين بجسدهن الرشيق والمتناسق أمامها، وبالأخص أنوار التي أخبرتها ذات مرة بأنها ستموت بسبب وزنها الزائد، وأخبرتها بأنها قبيحة ولن ينظر إليها أي أحد عندما تكبر، وبأنها لن تتزوج بل ستموت وحيدة.

كانت حكيمة تواجه هذا كله بالصبر والبكاء؛ فما يحدث معها لم يكن بسببها، بل إنَّ من في المنزل جميعهم يعلمون بأن حكيمة لا تأكل كثيراً، لكن هذه هي طبيعة جسدها وهذه هي مشيئة الخالق سبحانه، كما أن أفراد أسرتها جميعهم يعلمون بأن سبب سمنة حكيمة هي الوراثة والهرمونات في المقام الأول.

وبالطبع لم تسلم حكيمة من تعليقات الأقارب وكلامهم السلبي القاسي، فقد حدث في أحد الأيام أن اجتمع أقارب لها في منزلهم، وكانت حكيمة تقدم الشاي والقهوة لهم، فسمعت إحدى قريباتها وهي تقول لوالدتها: لو ظلت حكيمة سمينة بهذا الشكل؛ فلن تتزوج طيلة حياتها. تظاهرت حكيمة بأنها لم تسمع ما قالته قريبتها، لكنها لم تنم في تلك الليلة لشدة حزنها، ولم يكن رفيقاً لها في تلك الليلة سوى دموعها وحزنها، الذي

أخذ ينهش ذاتها وبدا لها شبح العنوسة يطاردها طوال حياتها منذ ذلك اليوم برغم صغر سنها.

ذات يوم أخبرتها إحدى قريباتها بأن عليها أن تقلل وزنها وإلا سوف تموت بسبب المرض. لم تحزن حكيمة من كلام قريبتها؛ فهو كلام صحيح، ولكنها قد نصحتها أمام الجميع أو بالأحرى أعلنتها فضيحة وليست نصيحة؛ فالنصيحة لا تكون على الملأ كما فعلت هذه السيدة، إذ كان عليها أن تقدم نصيحتها لها في لقاء مباشر معها منفردة.

في مرة أخرى قال زوج إحدى قريباتها ساخراً: حكيمة لن تجد من يتزوجها في المستقبل؛ لأنها سمينة وقبيحة، فالرجال يبحثون عن زوجة رشيقة وجميلة، وهذه المواصفات لا تتوفر في حكيمة. وأعقب حديثه بضحكة ماكرة مقيتة؛ فضحك الجالسون معظمهم، بينما كانت حكيمة تحترق من الداخل، وتتمنى أن ترد عليه، وخاصة أنه سمين يحمل كرشاً منقسماً من طبقات مقززة، كما أن زوجته تعاني من السمنة كذلك أبناؤه جميعهم، فهو حرفياً كالكلب الذي لا يرى ذيله وإنما يرى ذيول غيره.

ذات مرة قالت إحداهن لوالدة حكيمة: ستتزوج أنوار ومرام وجميلة بسرعة، لكن سيكون من الصعب إيجاد عريس

لحكيمة؛ لأنها سمينة، ونحن في زمن الرجال فيه يحبون الجسد النحيل المتناسق.

كانت حكيمة تتمنى أن ترد عليها، وأن تخبرها بأن الزواج قسمة ونصيب، فكم من فتاة في غاية الجمال لم تتزوج، وكم من فتاة متوسطة الجمال تزوجت، فهذه الأمور ليست لها علاقة بالجمال أو الوزن أو أي شيء آخر.

على مدى أيام طوال سمعت حكيمة كثيراً من التعليقات السلبية من أقاربها؛ فهناك من أخبرها بأنها لن تتزوج طيلة حياتها، وهناك من أخبرها بأن ملامحها تبدو أكبر بكثير من عمرها الحقيقي، مما كان سبباً لحزنها الدائم، كما كان له تأثير نفسي سلبي كبير في حياتها، وأصبحت بسببه تكره الزيارات العائلية لمنزلهم؛ لأنهم جميعاً سيكررون ما تسمعه منهم دائماً في كل زيارة.

في المدرسة كانت تجد صعوبة في شراء الزي المدرسي؛ لأنها كانت ممتلئة الجسم وقصيرة القامة، فكانت تضطر لشراء زي واسع وطويل جداً وبعد ذلك كانت ترسله للحائك كي يقوم بتعديل مقاساته.

في ظل هذا كله كانت تسمع كثيراً من الانتقادات والسخرية من صديقاتها، زميلاتها، وكذلك من بعض المعلمات أيضاً؛ فقد

أخبرتها إحدى زميلاتها ذات مرة، وكانت تظنها صديقة لها، بأنها لا تحب الخروج معها؛ لأنها سمينة وكان ذلك صدمة لها.

وفي مرة أخبرتها فتاة بأنها تكرهها فقط؛ لأنها سمينة.

بينما في مرة أخرى سألتها فتاة لماذا هي سمينة وأخواتها الثلاث رشيقات؛ فلم تجب حكيمة لأنها لم تجد لديها إجابة سوى حزنها ودموعها.

في المدرسة سخر منها كثير من المعلمات، وكان أكثر ما يزعجها ويغضبها هو أن معظم من يسخرن منها يعانين من الوزن الزائد والترهلات في أجسامهن، فلماذا يعبن على جسدها وينسين أنفسهن! وبشكل خاص معلمات التربية الرياضية، اللواتي من المفروض أنهن قدوة للطالبات، فكيف تخسر الطالبة وزنها الزائد، بينما تعاني المعلمة ذاتها من كرشها المنتفخ ذي التقسيمات الجسدية المضحكة؟

من المواقف شديدة القسوة عليها ما حدث لها مع إحدى المعلمات وكان له تأثير عليها مما جعلها تتعرض لانهيار عصبي في المدرسة، فقد دخلت المعلمة في ذلك اليوم للفصل الدراسي، وقالت لحكيمة بطريقة ساخرة: لقد ازداد وزنك كثيراً في الفترة الأخيرة، وفي كل يوم عندما أراكِ أشعر بأنكِ أصبحت أكثر وزناً من سابقه.

لم تتحمل حكيمة هذه السخرية القاسية، وبخاصة لأن المعلمة قالتها أمام الفتيات جميعهن، فلم تتمالك أعصابها، فخرجت من الفصل بدون استئذان، وركضت للحمام الذي تعتبره ملاذها الوحيد في مثل تلك المواقف، جلست على الأرض وبدأت تبكي وتصرخ بصوت مرتفع، وشعرت في ذلك الوقت بأن أعضاء جسدها ستنفجر من قوة صراخها، كانت تخاطب نفسها وسط صراخها وصدمتها: لماذا يحدث كل هذا لي! لقد حاولت أن أقلل وزني لكن بلا جدوى، ماذا أفعل كي أرضيكم! يا رب أريد أن أموت كي أرتاح من هذا العذاب، يا رب خذني إليك يا الله...!

اجتمعت حولها بعض صديقاتها وحاولن التخفيف من روعها، وأخبرتها إحداهن بأنها جميلة هكذا، وأخبرتها الأخرى بأن الجسد الممتلئ جميل، وبأنها تحلم بأن تصبح ممتلئة الجسد كحكيمة، و...

وبعد قليل انتشر الخبر بالمدرسة واجتمعت بعض المعلمات للتخفيف عنها وتهدئتها، كما قامت بعض المعلمات بمدحها والثناء على شخصيتها المميزة، في حين جاءت المعلمة التي سخرت منها تعتذر منها، قبلتها واحتضنتها، لكنها شعرت أن جرحها أعمق بكثير من كلمة الاعتذار.

كثير من صديقات والدتها أيضاً كن يوجهن سخريتهن من جسدها الممتلئ؛ فقد قالت لها إحدى صديقات والدتها بسخرية ذات مرة: أنتِ سمينة جداً، لدرجة أنكِ تبدين أكبر مني سناً.

وقالت أخرى: يجب أن تقللي من تناول الطعام والحلويات؛ فأنتِ في حالة يرثى لها، انظري إلى جسدك في المرآة، كم تبدين قبيحة، وتبدين كسيدة في الثلاثين من عمرها.

بينما أخبرتها إحداهن بأن عليها زيارة الطبيب؛ لأن وضعها مزرٍ جداً في ظل هذا كله ففكرت حكيمة بأن تعرض ما سمعته من صديقات أمها على والدها لتأخذ برأيه ونصيحته.

قالت له حكيمة: يا أبي، أريد الذهاب لطبيب تغذية كل أنقص من وزني الزائد.

ببرود رد والدها: افعلي ما تشائين.

بشيء من الحزن قالت حكيمة: أريد بعض النقود كي أذهب للطبيب.

لكنه رد قائلاً: لن أدفع أي نقود على أمر تافه كهذا.

وقفت حكيمة مندهشة لموقف أبيها، وقالت بحزن شديد: أرجووووك يا أبي، أريد أن أصبح رشيقة كالجميع، وأن أتخلص من تعليقاتهم المزعجة.

لكنه رد عليها بإصرار عجيب: لقد قلت لكِ لن أدفع أيَّ مبالغ في أمر كهذا، إنه ليس ذنبي، امتنعي فقط عن تناول الطعام وستخسرين وزنك بدون تكاليف.

فجأة شعرت حكيمة بأن صبرها قد نفذ، وصرخت في أبيها قائلة: شكراً يا أبي، أنت من رفضت مساعدتي، فأرجوك لا أريد سماع أي تعليق على وزني الزائد مرة أخرى.

قال والدها غاضباً: اغربي عن وجهي، وإلا سوف أبرحك ضرباً!

ذهبت حكيمة لتبكي في الحمام كعادتها، متمنية الموت كي ترتاح من هذا الكابوس الذي لا يريد أن ينتهي.

كانت تعاني كثيراً حين ترغب في شراء بعض الملابس؛ لأن مقاسها كبير ومن الصعب إيجاده في معظم المحلات، مما حرمها من ارتداء كثير من الملابس الجميلة.

وكانت حكيمة تحب الذهاب للملاهي كثيراً كأي فتاة في مثل سنها، لكنها لم تستطع ركوب عدد من الألعاب؛ بسبب وزنها الزائد؛ حيث كان المسؤول عن اللعبة يخبرها بأن وزنها كبير، وأن اللعبة قد تتضرر بل قد يصيبها خلل إذا جلست فوقها، فكان ذلك سبباً من حرمانها من اللعب، الذي يعد من أبسط حقوقها بوصفها طفلة.

في جانب آخر أصبحت لديها عُقدة من تناول الطعام أمام الآخرين؛ لأنها تعلم بأن هناك شخصاً ما سيقول لها: "كفي عن تناول الطعام"، أو: "ارحمي نفسك"، أو أيَّ عبارة جارحة كالتي تعودت على سماعها ممن حولها، فكانت لذلك تتناول الطعام في المنزل فقط، وتمتنع عن تناول أي شيء عندما كانت تذهب للمدرسة أو لزيارة أي شخص.

****

حاولت أن تنقص وزنها؛ فاتبعت الحميات الغذائية، ومارست بعض أنواع الرياضة، وتناولت بعض جرعات طبية للتنحيف، حتى إنها كادت أن تفقد بسبب ذلك حياتها؛ فبعض أنواع حبوب التنحيف، سببت لها هبوطاً شديداً في معدل السكر في دمها مع تسارع في نبضات قلبها، إضافة إلى ذلك جعلها هذا تشعر بالدوار والغثيان، وأصبحت تتقيأ كل ما تأكله، واستمرت هذه الحالة أسبوعاً كاملاً، ومما يبعث على الأسى هو أن الطرق كلها التي اتبعتها حكيمة لتفقد وزنها كانت بلا جدوى؛ لأن مشكلتها الحقيقية كانت وراثية وليس لها علاقة بالطعام أو غيره.

37

لقد أصبحت حكيمة تكره الحياة وتكره جسدها؛ رغم أنها لم تكن بدينة للغاية، لكن تعليقات من حولها جعلتها تشعر بأنها أكثر بدانة من أي فتاة أخرى.

ولعل الظروف التي تعرضت لها منذ الصغر كالعنف الأسري والتنمر وغير ذلك، كانت سبباً فيما بدت عليه ملامحها من الحزن الدائم، كما كانت بسبب ذلك تبدو أكبر من عمرها الحقيقي، حتى إنها كانت تبدو أكبر من شقيقتها أنوار بكثير.

كان الجميع يخبرونها بذلك بكل وقاحة، برغم ذلك فقد صبرت كثيراً على تعليقاتهم على بدانتها وملامحها، إذ أصبحت تعاني من عقدة نفسية بسبب ذلك، كما أصبحت تكره التعرف على الغرباء؛ كي لا يجرحها أحد بكلامه.

كانت تتمنى أن تخبرهم بأنها ترى نفسها في المرآة كل يوم وتعرف تواجهه من مشكلة وزنها الزائد؛ إذ لا داعي لتعليقاتهم المزعجة تلك، بل لا داعي لمزاحهم ونكتهم التي لا تسبب لها سوى الحزن والهم.

****

ذات مرة كانت والدتها تداعب شعر ابنتها حكيمة، وإذا بها تجد بعض شعيرات بيضاء في رأسها، ولم تكن تلك هي المرة الأولى التي تجد فيها مثل ذلك الشعر الأبيض؛ فقد ظهرت أول شعرة بيضاء عندما كانت حكيمة تبلغ من العمر 8 سنوات فقط، في الحقيقة بدأ الشعر الأبيض يغزو شعر حكيمة بسبب تفكيرها الزائد وخوفها، فقد كانت أنوار تضربها ضرباً مبرحاً، وكان والدها يضربها بين الحين والآخر، كما أنها كانت تتعرض للتنمر داخل المدرسة؛ وكان ذلك كله سبباً لظهور الشعر الأبيض في رأسها برغم صغر سنها، وفوق ما سببه ذلك لها من صعوبة في النطق أو التحدث بلباقة مع الآخرين فقد كانت تتلعثم كثيراً في الكلام، كما كانت تضطر لإعادة كلامها أكثر من مرة كي يفهمها الآخرون.

وبرغم ما حدث معها؛ كانت حكيمة متفوقة في دراستها، فقد كان معدلها الدراسي مرتفعاً دائماً، حيث كانت تحصل على كثير من شهادات التقدير والجوائز من المدرسة بسبب تفوقها وأخلاقها العالية. واتفق الجميع على أن حكيمة تملك قلباً طيباً؛ لأنها لم تكن تؤذي أحداً سواء بالأفعال أو بالأقوال، كما كانت دائماً تدعو الله بألَّا تكون سبباً في حزن أي شخص، وكانت تحب مساعدة الآخرين كثيراً، لكن للأسف كان عدد من

الأشخاص يستغلون طيبة قلبها في أمور خاصة كثيرة، وكانت هي تعلم ذلك، لكن لم تكن تحب أن تحرجهم؛ لذا فقد كانت توافق على تنفيذ طلباتهم كلها بدون تردد، كما كانت تضطر للتضحية بوقتها وصحتها في كثير من الأحيان؛ لأجل مساعدة الآخرين وإسعادهم.

****

عندما أصبحت حكيمة في المستوى الدراسي الثامن، سمعت بخبر مرض عمها الذي كان دائماً يتواصل معهم بالرغم من بُعد المسافات، فاتصلت به لكي تطمئن على حالته الصحية، لكنه أخبرها بأنه يشعر كأن موعد رحيله قد اقترب كثيراً، وبالفعل لم يمر أسبوع حتى وصلهم خبر وفاته.

استيقظت من النوم في ذلك اليوم، وقبل أن تنهض من الفراش أخبرتها والدتها بذلك الخبر الحزين، فأصابها الحزن الشديد وغلبتها دموعها الغزيرة على فقدان عمها، ولم يستوعب عقلها ما حدث، وأصابتها الحيرة في كيفية أداء امتحانها الذي سيبدأ بعد ساعات قليلة. خرجت من غرفتها لترى والدها في حالة يرثى لها، فقد كانت أول مرة ترى والدها في هذه الحالة، حيث كان والدها يحب عمَّها كثيراً، وكان يتمنى

أن يراه أو يودعه على الأقل، لكن الظروف المادية كانت عقبة كبرى لتحقيق ذلك، إذ لم يتوفر معه مال يكفي لشراء تذكرة السفر، ولذلك لم يستطيع أن يذهب ولم يودعه للمرة الأخيرة.

لقد شعرت حكيمة بوجع في قلبها قبل وفاة عمها، لكنها حاولت أن تتجاهل ذلك الشعور، وللأسف حدث ما كانت تخشاه، وكالعادة حاولت أن تواصل حياتها وكأن شيئاً لم يحدث.

****

بعد مرور أشهر قطعت حكيمة مرحلة من عمرها الدراسي، فقد أصبحت في الصف التاسع وبدأت في تلك الفترة تتعلق بصديقاتها وزميلاتها في فصلها الدراسي، وفي ظل ذلك كانت تحب الذهاب للمدرسة فقط لكي ترى صديقاتها وتلعب معهم، تتحدث، وتضحك معهن.

أصبحت صديقاتها جزءاً مهماً ورئيساً في حياتها، ولم تكتفِ برؤيتهن داخل المدرسة فقط، بل كانت تخرج معهن وتزورهن وتتواصل معهن بشكل يومي، ومع وجود مواقع

التواصل الاجتماعي الحديثة أصبحت تجد نافذة للتواصل السهل السريع معهن.

****

في تلك الفترة زادت حالات الأرق لديها عن حدها؛ فقد كانت تجد صعوبة في النوم، إضافة إلى ذلك أصبحت معدتها لا تتحمل الطعام؛ بسبب أدوية التنحيف التي كانت تتناولها، فزادت حالة القيء عندها، وأدى ذلك إلى كرهها لتناول أنواع الطعام كلها، كما أصبحت تلجأ لتناول الخضروات والفاكهة كي تبقى على قيد الحياة فقط.

فترة طويلة مضت وهي تشعر بحزنها الشديد، وقد أخذ الإرهاق النفسي منها مأخذه، وانتابها صداع شديد ودوار متواصل بسبب سوء التغذية، وتحولت أظافرها وشفاهها إلى اللون البنفسجي.

مع اشتداد حالتها سوءاً أدركت أن عليها زيارة الطبيب، كما أن عليها الاهتمام بصحتها بشكل أكبر، لكنها لم تفعل ذلك، ولم تخبر أحداً بما يحدث لها؛ فهي تدرك بأن لا أحد سيهتم لأمرها.

****

مع نهاية عامها الدراسي، بدأت مرحلتها الدراسية الثانوية، وقد بدأتها بمشاعر الخوف والرهبة مما هو مجهول قادم في حياتها، كانت حزينة لفراق صديقاتها ومعلماتها، وسيطر عليها شعور بأن حياتها بلا قيمة بدونهم، ولأن فكرة الانتقال لمدرسة جديدة كانت في حد ذاتها عقدة نفسية قاسية بالنسبة لها، فهي تخاف من تعليقات زميلاتها الجديدات السلبية.

كانت ترغب بأن تُسَجَّل في المدرسة القريبة من منزلها؛ لأنها أقرب وأقل تكلفة؛ كما أن كثيراً من زميلاتها السابقات قررن الذهاب لتلك المدرسة، لكنها عندما عرضت الفكرة على والديها رفضا تلك الفكرة، ولم يخبرها أحد عن سبب الرفض، وأُجبرت على الذهاب للمدرسة البعيدة التي تدرس فيها شقيقتها أنوار، وشعرت بغصة وحزن شديد لم يعرف به أحد من حولها.

في جلسة عائلية؛ بدأ النقاش حول موضوع المدرسة الجديدة التي ستذهب إليها حكيمة.

وبدأت حديثها أمام أفراد أسرتها بشيء من التردد: أريد الذهاب للمدرسة القريبة، الذهاب إلى المدرسة البعيدة يصيبني بالدوار والغثيان.

ردت شقيقتها أنوار بشيء من اللا مبالاة: ستتعودين كما تعودت.

لكنها قالت بائسة: لعل الجميع يعلم بأني أعاني من صعوبة التأقلم مع على كل شيء جديد.

وتدخل والدها بقوله: لقد قررنا وانتهى النقاش!

نظرت إليه حكيمة والدموع تغلبها: صديقاتي جميعهن سيذهبن إلى المدرسة القريبة، أريد الذهاب معهن.

ولكنه أجابها بحسم: كم مرة قلت لكِ لا تهمنا موضوعات الصداقة؛ فهذه خرافات لا أهمية لها، ستذهبين لمدرسة أنوار وستتأقلمين مع الوقت.

بعد صمت تدخلت والدتها بالقول: كلام والدك صحيح، وستمر السنوات بسرعة.

لكنها نظرت لوالدتها، وخاطبتها بنبرة حزن ووجع شديدين: اشعروا بي، المدرسة بعيدة جداً، وسأكون وحيدة، وسأعاني كثيراً.

صرخت فيها شقيقتها أنوار وهي تقول: ماذا نفعل لكِ؟ كفي عن الثرثرة وعن تمثيل دور الضحية!

ضحك الجميع عدا حكيمة.

أنوار (ساخرة): تستحقين لقب "ملكة الدراما".

حكيمة: لا أدري ما هو الشيء المضحك في الموضوع، أبي أرجوك أريد الذهاب للمدرسة القريبة ولن أطلب شيئاً آخر.

والد حكيمة (وهو غاضب): انتهى النقاش اصمتي وكفّي عن الكلام، وهذا آخر قرار!

حكيمة: أبي أرج...

والدة حكيمة مقاطعة: ماذا قال والدك؟ انتهى النقاش يعني انتهى النقاش!

دخلت حكيمة لتبكي في الحمام كالعادة، وكانت تشعر بأن هناك صخراً يقف على قلبها، أرادت في ذلك الوقت أن تصرخ بأعلى صوت، لكي تتخلص من الألم الذي تشعر به، ولكنها اكتفت بالصمت.

****

45

مرت الإجازة الصيفية وبدأ العام الدراسي الجديد، استيقظت حكيمة واستعدت لكي تذهب للمدرسة الجديدة البعيدة، كانت تتمنى الموت من كل أعماق قلبها؛ لأنها لم تكن ترغب بالذهاب لتلك المدرسة بسبب الإشاعات التي كانت تسمعها عنها؛ وبسبب بُعد المسافة بين منزلها والمدرسة؛ وأيضاً لأنها تعلم كم هو صعب أن تعتاد على الفتيات الجديدات وعلى المعلمات؛ وكذلك كانت خائفة من أن ينخفض مستواها الدراسي كثيراً.

صعدت إلى السيارة وبدأت معدتها تؤلمها كثيراً، وكأن أحدهم وضع خنجر بها، وكان قلبها يخفق بشدة، وصلت للمدرسة بعد ساعتين تقريباً، دخلت للمدرسة وصعدت على الدرج، كانت ترتجف، وكان جميع ما بها يصرخ ولم يخرج من ثغرها أي صوت.

نظرت لكل شيء بصدمة وذهول، لم يستوعب عقلها بأن عليها المحاولة والبدء من جديد. وصلت لصفها الجديد، رحبت

بها المعلمة، نظرت حكيمة لوجوه الفتيات وبدأت تبكي كالأطفال، كما شعرت بالوحدة والخوف وكذلك الرفض لما يحدث معها، ولم يكن لديها خيار سوى البكاء والصمت.

بينما كانت تبكي اجتمع حولها بعض الفتيات وبدأن بحرب من الأسئلة..

الفتاة 1: ما اسمك؟

الفتاة 2: ما هي جنسيتك؟

الفتاة 3: لماذا تبكين؟

الفتاة 4: من أي مدرسة أتيتِ؟

الفتاة 5: كم هو معدلك؟

ردت عليهن حكيمة في محاولات مستميتة بأن تمنع نفسها من البكاء، ولكن لم تستطع التحمل، فلن يشعر أحد بمدى ألمها إلا من جرب هذا الشعور، وهو أن تعيش حياة لا تريدها، ولا تستطيع أن تتحملها.

****

حاولت الكثير من الفتيات مصادقتها، ولكنها كانت في حالة صدمة، كانت تشعر وكأنها في كابوس مرعب لن ينتهي. مَر اليوم

47

الأول بصعوبة كبيرة، وعندما عادت للمنزل تحدثت مع صديقاتها القديمات وبدأت تبكي بشدة وتخبرهن بمدى شوقها لهن.

ولكن كما يعلم الجميع لا شيء يبقى على حاله، لم يمر أسبوع حتى تغيرت صديقاتها القديمات، وأصبحن يتهربن من الحديث معها، وبالأخص بعد حصولهن على صديقات جديدات، شعرت حكيمة بالانكسار وبدأ يتسلل بداخلها سؤال وهو: ماذا فعلت كي يحدث لي كل هذا؟! فالبداية انتقلت لمدرسة لا أريدها، والآن لقد تخلى عني الجميع.

كانت تبكي معظم الوقت في المدرسة، وكانت تجلس بمفردها دائماً، حاولت الكثير من الفتيات مساعدتها ولكن بلا جدوى، وللأسف بدأ الاكتئاب يتسلل إليها ولم تقاومه.

****

حدثت لها الكثير من حالات التنمر؛ بسبب وزنها وملامحها؛ وبسبب اختلاف جنسية والداها، كما أطلقت عليها إحدى الفتيات إشاعات بأنها مجنونة ومريضة نفسياً، وهناك فتاة قالت لها: أنتِ مستفزة وأكرهك بلا سبب! وهناك فتاة قامت

بإحضار سكين صغيرة للمدرسة لكي تقتل حكيمة بها، وأيضاً هنالك الكثير من الفتيات اللواتي جرحن مشاعر حكيمة بأسوأ الألفاظ.

وإضافة إلى ذلك كانت بعض المعلمات قاسيات معها كثيراً؛ لأنها جديدة على المدرسة، وبعض المعلمات ظنن بأنها طالبة غير متفوقة، وبالأخص لأنها كانت منعزلة معظم الوقت، مرت تلك الفترة بصعوبة، وكانت تستيقظ كل يوم على أمل أن ينتهي ويأتي موعد النوم، فأصبحت تتهرب من الحياة، وتنام كلما أُتيحت لها الفرصة.

أهملت صحتها وأصبحت تمتنع عن تناول الطعام لأيام؛ لكي تخسر الوزن؛ ولعدم رغبتها في تناول أي شيء، مما أفقدها الكثير من شعرها، وكذلك زاد شعورها بالإرهاق والدوار، ولكنها لم تهتم؛ لشعورها بأن لا طعم للحياة.

وعلاوة على ذلك كانت أنوار تقوم بضربها في الشارع، وفي المدرسة أمام الفتيات، ولم تستطع حكيمة الدفاع عن نفسها ولا مرة، فكانت الفتيات تحاولن مساعدتها، ولكنها كانت تعلم بأن أنوار لن تتغير مهما حدث، وتعلم بأن الأمر لا يهم والديها، فلذلك السبب لم ترغب حكيمة بالذهاب لنفس المدرسة التي

تدرس أنوار بها؛ لأنها كانت على ثقة بأن أنوار ستضربها وتقلل من شأنها أمام الجميع.

****

زاد وضع عائلتها المادي سوءاً، وتراكمت الديون على والد حكيمة، لم يستطع دفع الإيجار ولا الفواتير ولا أقساط المدرسة، فلم يكن لدى حكيمة خيار سوى العمل لمساعدته في مصاريف المنزل والدراسة في نفس الوقت، وجدت صعوبة كبيرة في إيجاد عمل مناسب بسبب صغر سنها، وبالأخص لأنها لم تتعدَّ السن القانوني، ووجدت صعوبة كبيرة في الموازنة بين مواعيد العمل ومواعيد الدراسة.

اضطرت للعمل في رعاية وتدريس الأطفال، عمل الأبحاث والواجبات للطلاب، بيع المنتجات التجميلية، وبيع الملابس أيضاً، كان العمل شاق جداً، ولكنها كانت مستمتعة، وكانت فخورة جداً بما تفعل؛ لأن العمل الذي تقوم به شريف وليس عيباً حتى تخجل منه.

50

ولكن للأسف كان دخلها صغيراً جداً بالنسبة لمتطلبات المنزل، وفي بعض الأحيان كانت تحرم نفسها مما تحب لكي تساعد عائلتها.

****

وبعد فترة قصيرة وصلهم خبر وفاة عمها الثاني، بكت حكيمة وشعرت بالحزن، ولكن حزنها لم يكن كالمرات السابقة، وكأنها قد اعتادت على الفقد.

بدأت حكيمة تعتاد على مدرستها الجديدة في تلك الفترة، كان الوقت متأخراً ولكن لا بأس، وكانت تحاول أن تتجاهل كل ما حدث لها من حالات تنمر وظلم، حتى حدث شيء وهدم كل ما حاولت بناؤه.

في يوم الثلاثاء، بالتحديد في الحصة السابعة، لم تحضر معلمة الأحياء، بسبب ظرف ما قد حدث لها، ولم تحضر معلمة بديلة، فأخرجت إحدى الفتيات هاتفها وفتحت موسيقى بصوت مرتفع، وفجأة دخلت المشرفة التي يخشى منها الجميع؛ لأنها عصبية وتصرخ دائماً بسبب وبلا سبب، وبدأت تصرخ وتقول: من التي أحضرت هاتفها للمدرسة؟ ومن أين يأتي صوت الموسيقى هذا؟

51

عمّ الصمت أرجاء الصف..

المشرفة وهي تكرر السؤال: من أين أتى صوت الموسيقى الذي سمعته؟

فلم ترد عليها أي طالبة، فأمرت عريفات الصف بتفتيش جميع الحقائب وجميع الفتيات، ولم يجدن شيئاً، فعادت الطالبات إلى مقاعدهن.

كانت حكيمة تجلس بالخلف في ذلك اليوم، وكانت مريضة للغاية، فذهبت بعض الفتيات لكي يتحدثن معها ويسألن عن صحتها، وإذ بالمشرفة تدخل للصف مرة أخرى، وكأنها أسد يريد أن يهجم على فريسته.

المشرفة موجهة الكلام لحكيمة: هيا أخرجي الهاتف من تحت الأرض.

حكيمة وهي تتلعثم: والله ليس لدي أي هاتف، لقد تعطل هاتفي قبل أسبوع، والآن ليس لدي أي هاتف.

المشرفة: لا تكذبي، وأخرجي الهاتف وإلا سوف تندمين!

حكيمة: ليس معي هاتف، صدقيني، والله ليس معي أي شيء.

بدأت حكيمة بالبكاء كالعادة، وكذلك بدأت ترتجف، ومن شدة خوفها لم تستطع الوقوف على قدميها، وسقطت على

الأرض؛ لأنها كانت مريضة جداً في ذلك اليوم، وما زاد مرضها هو قلة النوم وسوء التغذية.

لم تصدقها المشرفة الظالمة وظنت بأنها تبكي دموع تماسيح كي تخدعها، وطلبت من المديرة أن تحضر، فحضرت المديرة بسرعة، وبعد ذلك بدأت المديرة والمشرفة بتفتيش حقيبة وجسد حكيمة، كان شعورها وموقفها لا يوصفان؛ لأن المشرفة لمست مناطق لا يجب لأحد أن يلمسها في جسدها؛ ولأن الجميع ينظرنَ إليها وكأنهن يشاهدن فيلماً درامياً، ولم تتدخل أي فتاة رغم معرفة الجميع باسم الفتاة التي أحضرت هاتفها للمدرسة.

لم تعتذر المديرة ولا المشرفة بعد تأكدهن بأن حكيمة بريئة ولم تحضر هاتفها للمدرسة، فشعرت بالقهر والاشمئزاز مما حدث لها، وبالأخص عندما علمت باسم الفتاة التي أحضرت هاتفها للمدرسة، فهي ابنة إحدى المعلمات، وبالطبع لم تُعاقب على ما فعلت، كما لم يهتم أحد بحكيمة أو بمشاعرها. في الحقيقة الموقف تافه وسخيف نوعاً ما، ولكن الظلم صعب جداً، فلماذا فعلن كل هذا بحكيمة ولم يفعلن هذا بابنة المعلمة، ما هذا الظلم؟! ففقدت حكيمة ثقتها بالجميع، وبالتحديد بعد ذلك الموقف الذي تعرضت له؛ لأن الجميع كن

يملكن مفتاح نجاتها ولم يعطينها إياه، وبالرغم من بساطة الموقف إلا أنها تعلمت منه الكثير.

وللأسف زادت حالات الأرق والكوابيس المزعجة التي باتت تزورها كل يوم في منامها كالضيف الثقيل، فحاولت الانتحار ولكنها فشلت، فشعرت في ذلك الوقت بأنها فاشلة حتى في الانتحار، وبأن الموت يرفضها كما رفضها الجميع.

****

وبعد فترة ليست طويلة للغاية، استيقظت حكيمة من النوم في يوم من الأيام ، وشعرت بأن عمرها يمضي بلا فائدة، وبأن اليوم الذي يذهب لا يعود، فأدركت أن عليها النهوض والازدهار، فبحثت في الانترنت وفي بعض كتب التنمية الذاتية عن أسباب للسعادة، وطرق التخلص من الاكتئاب، وأكثر ما لفت انتباهها هو أن إسعاد الآخرين يؤدي للسعادة والرضا، وإن تقديم الهدايا للآخرين يساعد في التقليل من الاكتئاب وفي نشر روح المحبة، فكما قال رسولنا الكريم - صلى الله عليه وسلم -: "تهادوا تحابوا" ، فأصبحت تسعد الجميع سواء بالمنزل، بالمدرسة، وحتى بالشارع، وبدأت بتقديم بعض الهدايا

البسيطة لزميلاتها ولبعض المعلمات، وكرست وقتها لإسعاد ومساعدة الآخرين، وبالفعل تحسنت نفسيتها بشكل ملحوظ وقلَّت أعراض الاكتئاب بفضل الله، وأدركت في ذلك الوقت أن الله سيبعث لنا سعادة مضاعفة من حيث لا ندري حين نسعد الآخرين.

تغيرت حكيمة كثيراً في ذلك الوقت، وأدركت بأن الله يأخذ من الإنسان شيئاً، ليعوضه بشيء أفضل منه بكثير، وإن الفرج يأتي بعد الضيق، ومهما تأخَّر فسوف يأتي حتماً.

******

بدأت حكيمة تتقرب إلى الله أكثر من ذي قبل، في الحقيقة حكيمة ملتزمة في الصلاة والحجاب منذ الصغر، ولكنها حاولت زيادة التزامها بزيادة الصدقات، قيام الليل، تلاوة القرآن، وبالفعل تغلبت حكيمة على الاكتئاب، وأدركت بأن القرب من الله به راحة لا توصف.

كانت تشعر عندما تتلو القرآن بأن هناك حجراً يقف على قلبها، وبأن هناك شيئاً ما يجعلها تريد أن تبكي، فسألت إحدى صديقاتها الملتزمات دينياً عن سبب ذلك، فكان رد صديقتها

جميلاً جداً وهو: القرآن مثل المطهر، فعندما نضع المطهر على الجرح نشعر بألم بالبداية ومن ثم يتعقم جسدنا من أي شيء مضر، والقرآن كذلك فهو يطهر روحنا من كل الأوجاع والأحزان، في البداية نشعر بالألم وبعد ذلك نحصل على أرواح خالية من كل الأشياء السيئة، كالحزن، الضيق، واليأس.

****

بدأت حكيمة تتعلق بزميلاتها في الصف العاشر، ولكن كان عليها توديعهن؛ فكما يعلم الجميع بأن هناك مساراً أدبياً ومساراً علمياً في المرحلة الأخيرة من الثانوية، وكان عليها الاختيار بينهما، فاختارت المسار العلمي؛ لأنها متفوقة بالمواد العلمية؛ ولحبها الشديد لمادتي الكيمياء والأحياء.

وعندما بدأ العام الدراسي الجديد، بدأت حكيمة هذه المرة بداية جميلة ولطيفة مع زميلاتها بالصف؛ لأنها تعلمت من تجاربها السابقة بأن عليها التعامل مع الفتيات والمعلمات بشكل جيد، وكذلك عليها أن تتظاهر بأنها بخير بغض النظر عن حالتها النفسية او الجسدية.

وبالفعل كانت بداية موفقة، حصلت حكيمة على الكثير من الصديقات في وقت قصير، ووقعت الفتيات في حب حكيمة وشخصيتها المميزة، وأكثر ما كان يعجبهن في شخصية حكيمة هو اهتمامها بأدق التفاصيل، وأيضاً لفت انتباههم سعيها لإرضاء وإسعاد الجميع.

****

وبعد أشهر معدودة وصلهم خبر وفاة عمها الثالث، كانت حكيمة تحبه كثيراً، وكانت تتواصل مع بشكل شبه يومي على مواقع التواصل الاجتماعي، فكان خبر وفاته صدمة كبيرة بالنسبة لها، ولكن بفضل الله وثم بوجود الفتيات معها، تخطت مرحلة الحزن والاكتئاب على وفاة عمها بسرعة.

شعرت بالحزن على والدها؛ لأن أفراد عائلته يرحلون واحداً تلو الأخر قبل أن يودعهم، وكانت دائماً تحاول أن تخفف عنه، وأن تساعده على تخطي الحزن الذي يزوره بعد سماع أخبار سيئة كهذه.

****

كانت حكيمة صديقة الجميع ولم يكن لديها أصدقاء؛ لأنه وبالرغم من وجود الكثير من الفتيات حولها، لكنها كانت دائماً بمفردها؛ لأن كل فتاة لديها صديقة مفضلة تحب أن تجلس وتتحدث معها، ولم تكن حكيمة الصديقة المفضلة لأي منهن، ولكنها كانت سعيدة بالمرحلة التي وصلت إليها، وهي أنها محبوبة من قِبل الجميع تقريباً.

****

وحدث ما لم يكن بالحسبان، عادت صديقاتها القديمات للتحدث معها بعد غيابهن لفترة طويلة، وأخبرتها إحداهن بأنه من الصعب إيجاد صديقة كحكيمة؛ لأنها طيبة القلب، ونقية جداً من الداخل كالنهر العذب.

وأخبرتها صديقتها الأخرى بأنها قد اشتاقت إليها ولكرمها، وكذلك لتفكيرها الدائم في مصلحة الجميع.

وأخبرتها صديقتها الثالثة بأنها اشتاقت لنكتها، ونصائحها الذهبية التي تشبه نصائح كبار السن، وبأنها اسم على مسمى،

وأخبرتها بأنها اشتاقت أيضاً لصوت ضحكتها التي يملؤها الأمل، والتفاؤل، والبهجة.

شعرت حكيمة بالسعادة لعودة الفتيات وللمديح والثناء الذي سمعته، فكم هو جميل أن يتذكرك الآخرون بالخير حين تغيب! وسامَحَتهن على ما حدث، ولكنها لم تستطع أن تحذف ما حدث من ذاكرتها، فمن السهل أن نسامح ولكن من الصعب أن ننسى، فنحن لسنا أطفالاً كي نسامح وننسى.

****

كانت لطيفة مع الجميع مما جعل الفتيات تحاولن إسعادها بأي طريقة، وبالفعل قامت العديد منهن بعمل حفلات مفاجئة لها أكثر من مرة، وقدمن لها الكثير من الهدايا. في الواقع لم تكن حكيمة مهتمة للهدايا كثيراً؛ لأنها كانت تشتري كل ما تريد لنفسها بالرغم من وضعها المادي السيئ، ولكنها كانت سعيدة جداً؛ لأن الجميع يحاولون إسعادها بشتى الطرق.

ونستطيع أن نقول بأن حكيمة وصلت للسلام الداخلي تقريباً، وشعرت بأن تقرُّبها إلى الله جعل حياتها أفضل؛ لأن الله عندما يحب عبداً من عباده، يزرع محبته في قلوب الجميع.

وبالرغم من المشاكل المادية والعائلية التي كانت تتعرض لها، إلا أنها كانت تشعر بالسعادة والراحة في تلك الفترة.

****

وبفضل الله وصلت حكيمة للصف الثاني عشر، كانت سعيدة جداً لوصولها لتلك المرحلة؛ لأنها لم تتوقع أن تصل بالتعليم لهذا المستوى؛ بسبب وضع عائلتها المادي.

كانت حكيمة تحاول أن تدرس يومياً، وأن تجتهد لكي تحصل على خصومات أو منحة دراسية، ولكن حدث شيء دمر كل مخططاتها، وأعادها لنقطة الصفر مرة أخرى.

في مساء يوم الثلاثاء، شعرت حكيمة بغصة وبألم قوي في قلبها، فأخبرت صديقتها بما تشعر، ولكن صديقتها أخبرتها بألَّا تقلق، وبأنَّ كل شيء سيكون على ما يرام، وأن هذا الشعور مجرد تخيلات وأوهام، فهدأت حكيمة وذهبت إلى النوم، واستمر هذا الشعور المؤلم حتى بعد استيقاظها من النوم،

فحاولت أن تتجاهله وأن تتجاهل كل المشاعر السلبية حتى لا يتعكر مزاجها.

مَرَّ اليوم الدراسي بسلام، ولكن تلاشى هذا السلام حينما ركبت الحافلة في الظهيرة، نظرت لجميع الفتيات وكانت ملامح الحزن واضحة على وجوههن، وكانت هناك فتاة تنوح وتصرخ، والأخرى تبكي بحرقة، والباقي ينظرن بصدمة.

بدأت حكيمة تسأل ما الذي حدث؟ وما سبب هذا الحزن؟ لم تتوقع أن تسمع ذلك الخبر، في الواقع كانت تظن بأن الفتيات حصلن على علامات متدنية في امتحان إحدى المواد، أو شيء من هذا القبيل، وظلت تسأل حتى وقفت إحدى الفتيات وألقت الخبر كالقنبلة على حكيمة حينما أخبرتها بأن صديقتهنَّ طيف قد انتقلت إلى رحمة الله.

شعرت حكيمة بالدوار، ولم تستطع الوقوف على قدميها، سقط كل شيء من يديها، وبدأت تصرخ بشدة وبصوت مرتفع، وبعد ذلك بدأت تبكي بحرقة وبألم، فهي لم تتوقع أن تخسر إحدى صديقاتها بهذا الشكل، ولم تتوقع أن ترحل عنهنَّ وهي في عمر الزهور، لم تصدق حكيمة ما سمعته، كانت تشعر بأن ما حدث حلم، لا بل كابوس، بالفعل كان كالكابوس المرعب الذي يصعب الاستيقاظ منه.

ظلت تبكي بحرقة، وشعرت بأن جزءاً من روحها قد تم انتزاعه منها، حاولت الفتيات أن تهدئن من روع حكيمة والفتيات الأخريات، ولكن بلا جدوى، فكانت واحدة تتوقف عن البكاء، والأخرى تبدأ بالبكاء والصراخ.

لم تعرف حكيمة كيف وصلت للمنزل في ذلك اليوم، دخلت لغرفتها وأكملت البكاء والنحيب، فتذكرت أخر حوار دار بينها وبين طيف رحمها الله.

طيف: هل تعلمين يا حكيمة، عندما رأيتك للمرة الأولى ظننتك فتاة مملة وعادية، ولكن اكتشفت بأنكِ عكس ذلك تماماً.

حكيمة ضاحكة: الجميع يقولون ذلك، فأنا كالبحر، هادئة من الخارج ، ومليئة بالأسرار والمفاجآت من الداخل.

طيف: أنتِ فتاة مميزة يا حكيمة، ما رأيك أن تأتي لزيارتي في منزلي بالإجازة الصيفية؟

حكيمة: فكرة رائعة ، سأحاول إن شاء الله.

طيف: أنا أتضور جوعاً، هل لديكِ طعام؟

أخرجت حكيمة بعض رقائق الشوفان والذرة وأعطتها لطيف، كانت حكيمة تتناولها لخسارة الوزن.

طيف: مممممم كم هي لذيذة، إنني جائعة حقاً! أريد العودة للمنزل؛ كي أتناول كل شيء بالثلاجة ههههههه.

حكيمة: صحة وعافية على قلبك.

ودار بينهما حوار طويل، انكشفت به الكثير من الأسرار.

حكيمة: أنا متحمسة كثيراً للصف الثاني عشر؛ لأني سأتخرج من المدرسة للأبد، وسأصبح حرة.

طيف: وأنا أيضاً متحمسة لكِ، وسأكون متواجدة في حفل تخرجك بإذن الله.

حكيمة: إن شاء الله، وأنا أيضاً سأكون متواجدة في حفل تخرجك بعد عامين إن شاء الله.

وعندما جاء موعد ذهاب طيف لمنزلها، قامت باحتضان حكيمة لوقت طويل وبشدة، وكأنها كانت تعلم بأنه الحضن الأخير، ذهبت ولم ترَ حكيمة وجه طيف منذ ذلك اليوم.

عادت حكيمة للواقع، واشتد البكاء وبالأخص بعد رجوعها بالذاكرة للوراء، ولم تستطع أن تدرس بشكل جيد لامتحان الكيمياء، وكذلك لم تنم جيداً في تلك الليلة، فكيف ستنام بعد ما حدث!

وفي صباح اليوم التالي ذهبت للمدرسة بوجه شاحب وملامح ذابلة وحزينة، كانت كالزهرة التي انقطع عنها الماء،

وبدأت صديقاتها باحتضانها ومواساتها للتخفيف عنها، فالجميع يعلمون بمدى صعوبة تلك المواقف.

****

مرت تلك الفترة بصعوبة بالغة، فقدت حكيمة رغبتها بالحياة مرة أخرى، كانت تبكي كل يوم على وسادتها، وكانت تحاول أن تتظاهر بالقوة أمام الجميع.

بفضل الله وثم بفضل صديقاتها وبعض المعلمات تمكنت حكيمة من الوقوف على قدميها مرة أخرى، في الحقيقة كانت منهارة من الداخل، ولكن كان عليها التظاهر بأنها أقوى، وعليها أن تتحمل كل صعوبات الحياة، وأدركت أن الحياة لن تقف عند حزن أحد، وستستمر مهما حدث.

وبدلاً من البكاء على طيف، بدأت تتصدق وتدعو لها كل يوم؛ لأن البكاء لن ينفعها أبداً، وبدأت تزيد اهتمامها بدراستها وعملها، وعندما كانت تيأس، كانت تنهض من جديد.

****

جاء موعد تخرجها من المدرسة الثانوية، وصلت لقاعة الحفل، بدأ قلبها ينبض بسرعة، كانت مشاعرها مختلطة، فكانت سعيدة؛ لأنها ستنهي مشوار 12 عاماً، وحزينة؛ لأنها ستبتعد عن صديقاتها وستفرقهم الحياة بعد التخرج، ولعدم وجود طيف معها.

حاولت تجاهل كل مشاعر الحزن؛ لأن حفلة التخرج من المدرسة لن تتكرر مهما حدث، نظرت لصديقاتها بفخر، كانت جميع الخريجات جميلات بثوب التخرج الأسود، وكانت السعادة تملأ قلوب الجميع، وفجأة انهمرت الدموع على وجه حكيمة، لم تستطع حبسهم أو منعهم من النزول، كانت تتمنى أن تحدث معجزة، وأن تأتي طيف إلى الحفل كما وعدتها، ولكن زمن المعجزات قد انتهى.

هدأت قليلاً بعد محاولات صديقاتها للتخفيف عنها، وجاء وقت النداء على أسماء الخريجات لتسليم الشهادات لهن، كانت حكيمة متحمسة جداً، وإذ بالمعلمة تُنادي اسمها بصوت مرتفع، فملأ صوت التصفيق أرجاء قاعة التخرج، وبدأت أخوات وصديقات حكيمة بترديد اسمها بصوت مرتفع، بالفعل كانت لحظة لا تنسى ولا توصف من شدة جمالها.

دخلت حكيمة لتلك المدرسة وهي تبكي، وخرجت منها باكية أيضاً، قبل الخروج من المدرسة للمرة الأخيرة احتضنت وودعت صديقاتها، المعلمات، عاملات النظافة، والمشرفات، كانت الدموع تنهمر على وجنتيها؛ لأنها تكره لحظات الوداع كثيراً، ولكنها كانت تعلم بأن الحياة عبارة عن لقاء ووداع، فعلينا توديع أشخاص واللقاء بأشخاص آخرين مختلفين عنهم تماماً.

وبعد مدة أعلنت نتائج الطلاب النهائية، حصلت حكيمة على معدل مرتفع في الثانوية، شعرت بالسعادة والفخر، وأيضاً كان جميع أفراد عائلتها يشعرون بالفخر بها، وفي الواقع لم يتوقع أحد حصول حكيمة على معدل كهذا بعد إهمالها للدراسة بسبب وفاة صديقتها طيف رحمها الله.

قام الجميع بالاحتفال بها، وتقديم الهدايا والنقود لها بسبب تخرجها من المدرسة، وكانت راضية عن كل ما حدث وما سيحدث.

وبعد فترة حدث ما لم تتوقعه، لقد حصلت على منحة دراسية في إحدى الجامعات بمساعدة واحدة من قريباتها، ومن شروط هذه الجامعة أن تبقى حكيمة متفوقة وأن تحصل على معدل مرتفع خلال دراستها بالجامعة، وإن لم تحافظ على معدل مرتفع، ستحرم من المنحة الدراسية، وستضطر لدفع رسوم الجامعة الباهظة جداً.

وللأسف لم يتوفر في تلك الجامعة التخصص الذي كانت تحلم به منذ الصغر، وبعد تفكير دام لأيام قررت حكيمة أن تدخل هذه الجامعة، وأن تتخصص بأي تخصص، حتى وإن لم ترغب به، وكانت قنوعة جداً، كما حمدت الله على النعمة التي وهبها إياها.

وبالطبع لم تسلم من التعليقات السلبية، وبالتحديد من أقاربها.

قال أحدهم: لقد حصلتِ على معدل مرتفع جداً كي تدخلي هذه الجامعة الصغيرة! وهذا التخصص الذي ليس له مستقبل! لقد فقدتِ عقلك.

وقال الآخر وهو يوبخها: أنتِ غبية جداً يا حكيمة، كيف تخليتِ عن أحلامك بهذه السهولة، كيف؟

وقالت إحدى قريباتها: من الأفضل أن تجلسي بالمنزل على أن تذهبي لتلك الجامعة، وكذلك التعليم غير هام للفتاة، فنهايتك ستكون خادمة وطاهية في منزل زوجك.

وسمعت الكثير من التعليقات السلبية والمحبطة، مما جعل دموعها تنهمر بغزارة كالأمطار التي تكون في الغابات الاستوائية.

لم يكن لديها خيار آخر، كان عليها أن تضحي بأحلامها كي تساعد عائلتها ولكي تخفف الحمل عنها، على الرغم من أن عائلتها لم تضحِ بأي شيء بسيط من أجلها، ولكن مهما فعلت ستبقى هذه عائلتها، ولن تستطيع أن تبتعد أو تتخلى عنها.

****

شعرت بأنها قد تسرَّعَت في قرار الموافقة على المنحة الدراسية، وكانت تشعر بالندم لخسارة أحلامها بهذه السهولة، ولكن ما باليد حيلة.

دخلت حكيمة الجامعة للمرة الأولى، كانت تشعر بالخوف والندم، ولكن سرعان ما اختفى هذا الخوف عندما تعرفت على بعض الفتيات اللطيفات بالجامعة، واستطاعت حكيمة

68

الوصول لقلوبهن بأسلوبها اللطيف وكلامها الطيب، فالكلمة الطيبة صدقة، وجميعنا بحاجة إليها، فهي كالسكر الذي يخفف مرارة الشاي علينا.

****

وبعد فترة وصلهم خبر وفاة العم الرابع بنفس المرض الوراثي الذي قضى على معظم أفراد عائلتهم، شعرت بالحزن والحسرة؛ لأن الجميع يرحلون واحداً تلو الآخر، كما شعرت بأنها شجرة خسرت جميع أوراقها في فصل الخريف، ولم يتبقَ بها إلا الأغصان اليابسة.

كان خبر وفاة أي شخص يفتح جروح بالكاد قد أغلقتها، وفي كل مرة كانت تستمع بها لخبر وفاة أحدهم كانت تبكي بشدة لشوقها للأشخاص الذين رحلوا بلا عودة.

كانت راضية بقضاء الله، ولكن الشوق إلى الموتى مؤلم جداً، وبالأخص لصعوبة اللقاء بهم، وصعوبة العيش بدونهم.

وكانت تدعو دائماً بأن تكون أول الراحلين من عائلتها وأصدقائها؛ لأن قلبها لم يعد يحتمل خسارة أي شخص آخر.

69

****

وبالرغم من ظروفها وحالتها الصحية المتدهورة، كانت تقاوم كي تحافظ على المنحة الدراسية، وبالفعل حصلت على العديد من شهادات التقدير؛ بسبب معدلها المرتفع ومجهودها الكبير، وكان الجميع يشهدون بذكائها وأخلاقها الرفيعة.

تعرضت للكثير من المواقف السيئة في حياتها الجامعية؛ بسبب طيبة قلبها ونيتها الصافية، لم تكن تعلم بأن الحياة ليست بهذه السهولة، وبأن هناك بشراً أسوأ من الحيوانات المفترسة، وسمعت جملة "أنتِ غبية ومغفلة يا حكيمة" من الكثيرين، فهل تعتبر الطيبة غباء؟ وهل يُعتبر الشخص الطيب مغفلاً؟

وكانت تحاول أن تتعلم مما حدث لها، كما كانت تحاول أن تفكر في نفسها قليلاً، وأن تحافظ على المنحة الدراسية، فمرت السنوات بسرعة كبيرة، وبفضل الله تخرجت حكيمة في الجامعة بمعدل امتياز مع مرتبة الشرف وشرعت تستعد لتبدأ حياتها العملية.

كانت سعيدة جداً؛ لأنها أنهت دراستها الجامعية، وكانت تحلم بأن تنال شهادات عليا، كالماجستير والدكتوراه، وها هي

70

الأن فتاة في بداية العقد الثاني من عمرها، وهو عمر مناسب لتبدأ الحياة العملية به ولتحقق أحلامها، وتصل لجميع أهدافها.

شعرت بأنها كانت مغفلة عندما بكت بسبب التعليقات السلبية التي سمعتها عن جامعتها وتخصصها، وأدركت في ذلك الوقت أن مشكلتها الوحيدة هي اهتمامها الكبير بآراء الآخرين التي لن تنفع ولن تضر، وأدركت أيضاً أن عليها زيادة مستوى الثقة بالنفس، فبدأت بالقيام بذلك، وبدأت تتقبل جسدها الممتلئ، ملامحها التي تبدو أكبر من عمرها الحقيقي، وكذلك الشعيرات البيضاء التي تملأ رأسها.

****

ومع مرور الشهور، وجدت حكيمة وظيفة مناسبة، وقامت بشراء سيارة صغيرة كي تذهب بها إلى العمل، وبدأت بسد جميع ديون عائلتها التي حرمتها من النوم والراحة لعدة سنوات، وأخيراً استطاعت حكيمة أن تنام وهي مطمئنة البال بعد تسديدها للديون التي كانت كالأفعى التي تلتف حول عنقها.

كانت تذهب للعمل، تتنزه مع صديقاتها، تتسوق، وتقوم بالعديد من الأشياء، ولكن كانت تشعر بأن هناك شيئاً ما ينقصها، لم تعلم ما هو الشيء، ولكنها تذكرت بأنها تحب القراءة والكتابة منذ الصغر، فخطر ببالها العديد من الأفكار، ومنها أن تحاول استعادة تلك الموهبة والهواية التي دفنتها منذ سنوات عديدة، وأن تعود للكتابة ومن ثم تقوم بنشر ما تكتبه، كي تصل أفكارها ومشاعرها للجميع.

كانت متحمسة جداً للفكرة، فأخبرت أفراد عائلتها بها، وبأنها تريد أن تصبح كاتبة مشهورة، وكذلك بأنها تحلم باليوم الذي يطلب منها المعجبون توقيعها على إحدى رواياتها.

فقال أحدهم بسخرية: من تظنين نفسك؟ أحلام مستغانمي أم أغاثا كريستي؟

حكيمة: أنا حكيمة، ولست شخصاً آخر.

فرد عليها: لن تصبحي كاتبة مهما حدث، انظري إلى نفسك جيداً بالمرآة أيتها السمينة القبيحة!

حكيمة وهي تحاول أن تحبس دموعها: سأصبح ما أريد يوماً ما، ولن أسمح لأي شخص بأن يقلل من عزيمتي ومن ثقتي بنفسي، وسترى مع الأيام.

فقال بتهكم: حسناً، لنرَ ما ستفعلين.

****

بدأت بالكتابة لمدة أشهر طويلة، وعندما انتهت من كتابة رواياتها بحثت عن دار نشر مناسبة لعدة أسابيع، وللأسف لم تجد داراً مناسبة لكي تنشر ما كتبت، فشعرت بأن حلمها يأبى أن يتحقق، وبأن كلام أقاربها صحيح، فبدأت تبكي دون أن تكترث لمن حولها؛ لأنها شعرت باليأس وبخيبة الأمل، وإذ برجل عجوز تبدو على ملامحه الطيبة، وتجاعيد وجهه تبدو كالخطوط الموجودة في الخرائط، يسألها برفق: ما بلكِ يا بُنتي؟ لمَ تبكين؟

حكيمة: لا شيء، إنها مشكلة تافهة.

الرجل العجوز: أخبريني، فمن الممكن أن يكون مفتاح باب سعادتك معي.

حكيمة: حسناً يا عمي، سأخبرك.

فأخبرته بقصتها وبأنها عجزت عن إيجاد دار نشر مناسبة، في الحقيقة كانت بحاجة لأن يستمع إليها أي أحد، وأن يخفف عنها كذلك، حتى وإن كان رجل عجوز لا تدري حتى ما هو اسمه.

73

وكانت هنا المفاجأة، هذا الرجل العجوز هو صاحب إحدى دور النشر المشهورة، وأخبرها بأنه يريد قراءة ما كتبته، وبأنه سيحاول أن يساعدها بقدر ما يمكن، فشعرت حكيمة بالسعادة، فما حدث لها كالمعجزة، وبالفعل ساعدها كثيراً، ونُشرت جميع رواياتها، وبفترة قصيرة أصبح لديها الكثير من المعجبين والمتابعين، وبفضل الله أصبحت حكيمة من الشخصيات الشابة والمؤثرة في المجتمع، كما حصلت على عدة جوائز، وكذلك تمت استضافتها في بعض البرامج التلفزيونية.

حدث كل ذلك بسرعة كبيرة لم يتوقعها أحد، وكانت سعيدة جداً بما حدث لها؛ لأن حلمها قد تحقق؛ ولأن ما حدث كان أكثر من توقعاتها.

****

قررت حكيمة أن تحقق حلماً آخر من أحلامها، وهو أن تذهب لطبيب تغذية، كي تخسر وزنها الزائد، وكي تحصل على جسد متناسق، كانت مترددة في البداية؛ لأنها وصلت للرضا؛ ولأنها أصبحت واثقة جداً من نفسها، ولكن أرادت خسارة الوزن الزائد كي تحقق حلم طفولتها، وكي لا تصاب بالأمراض

74

المزمنة ، مثل: السكري ، ارتفاع ضغط الدم ، أمراض القلب، الكوليسترول، وغيرها، وبالأخص لأنها كانت تعاني من ارتفاع ضغط الدم واضطراب نبضات القلب في الفترة الأخيرة.

فذهبت للطبيب وأعطاها نظاماً غذائياً عليها الالتزام به، وكذلك أعطاها بعض الأدوية التي تساعد على حرق الدهون، ونصحها بالذهاب للنادي الرياضي يومياً، فالتزمت بجميع نصائح الطبيب، وكانت تحاول جاهدة أن تخسر وزنها الزائد بسرعة، وبالفعل بعد مرور عام واحد فقط وصلت حكيمة للجسد الذي ترغب به.

شعرت بالسعادة والقوة أيضاً، لأنها تخلصت من الدهون المتراكمة في جسدها، ومن صعوبة التنفس وبالأخص أثناء النوم، وأيضاً من صعوبة الحصول على الملابس التي تعجبها، فخسارة الوزن هي الخسارة الوحيدة التي تعتبر مكسب.

ولم تسلم من التعليقات السلبية بالطبع؛ لأن الكثيرين أخبروها بأنها كانت أجمل عندما كانت ممتلئة الجسد، وأنها تبدو هزيلة وشاحبة كثيراً، فأدركت في ذلك الوقت بأن إرضاء الناس غاية لا تدرك مهما فعلنا.

****

وبعد فترة كانت لديها ندوة تريد التحدث بها عن روايتها الجديدة، شعرت بتعب شديد ودوار قبل الذهاب للندوة، وتجاهلت ذلك الشعور كالعادة، وفجأة سقطت مغشياً عليها في أثناء الندوة.

اجتمع الجميع حولها، فصرخ أحد الموجودين: أرجوكم ابتعدوا عنها، أنا طبيب وسوف أساعدها كي تستعيد وعيها، ولكن أفسحوا لي المجال كي أعبر.

وحاول إيقاظها ولكن بلا جدوى، وبعد دقائق معدودة وصلت سيارة الإسعاف وأخدت حكيمة، وصعد معهم الرجل الذي أخبرهم بأنه طبيب.

****

وبعد أن استيقظت حكيمة، سألت: أين أنا؟ ما الذي حدث؟ ومن أنت؟

فرد عليها ذلك الشاب مازحاً: أنا عبد الرحمن، وأنا الذي أنقذت حياتك، هيا اشكريني.. هههههه!

حكيمة (بغضب): هل تظن أن هذا وقتاً مناسباً للمزاح! ولكن شكراً على إنقاذك حياتي.

عبد الرحمن: كنت أمزح كي أخفف عنكِ أجواء المستشفى الكئيبة، أنا أعتذر.

حكيمة (بحزن): أنا من يجب عليها الاعتذار، ولكن أعصابي متوترة قليلاً، ولا أدري ما الذي حدث لي، وكذلك أنا حزينة لأنني أفسدت الندوة.

عبدالرحمن (محاولاً مواساتها): لا بأس يا حكيمة، هذا ليس ذنبك، كان ضغط الدم مرتفعاً جداً، وكان هناك بعض الاضطرابات بعضلات القلب، وعلاوة على ذلك لديكِ نقص شديد في المعادن والفيتامينات بالدم.

حكيمة (بصدمة): يا إلهي ما كل هذا!

عبد الرحمن: أنا من يجب عليّ أن أسأل ما كل هذا! أنتِ كاتبة معروفة ووضعك المادي ميسور، فلماذا لا تهتمين بصحتك! وأيضاً يجب علينا أن نحب أنفسنا وندللها، فليس لدينا سوى جسد واحد وروح واحدة، وإذا خسرنا أحدهما فسنخسر الآخر.

حكيمة (وهي مبتسمة): لقد أخذت هذه العبارة من روايتي التي نشرتها في الشهر الماضي؟

عبد الرحمن (وهو يضحك): في الحقيقة، نعم.

حكيمة: لم أعتقد أن هناك شخصاً يهتم لهذه الدرجة بما أكتب!

عبد الرحمن: أنا أ حب القراءة كثيراً، ولقد قرأت رواياتك أكثر من مرة، وبالفعل أنا من أشد المعجبين بكِ، وهذا سبب تواجدي بالندوة.

حكيمة: أشكرك كثيراً على ذوقك الراقي وعلى إنقاذك لحياتي، ولكن كيف دخلت إلى هنا؟ وما سبب بقائك كل هذا الوقت؟

عبدالرحمن: لا شكر على واجب، لقد أخبرتهم بأني طبيب، في الحقيقة أنا طبيب ولكن طبيب نفسي، ولم أعد للمنزل حتى الآن لكي أطمئن على صحتك.

حكيمة: حقاً لا أعرف كيف أرد هذا الجميل لك، شكراً لك من كل أعماق قلبي.

عبد الرحمن: هذا واجبي، سأزورك كل يوم حتى أتأكد بأن صحتك أصبحت أفضل بإذن الله.

حكيمة: إن شاء الله، هل أخبركَ الطبيب بالمدة التي سوف أقضيها هنا؟

عبد الرحمن: نعم، عليكِ البقاء هنا لمدة ثلاثة أيام تقريباً، كي يتأكد الطبيب بأن الضغط ونبضات القلب بحالة جيدة، وأيضاً عليكِ الالتزام بالأدوية والفيتامينات التي كتبها الطبيب لكِ.

حكيمة: حسناً.

عبد الرحمن: عديني بذلك.

حكيمة: لماذا عليّ أن أعدك؟!

عبد الرحمن: لأنني أعلم بأنكِ ستهملين صحتك مرة أخرى، هذه المرة أرسلني الله نجدة لكِ، في المرة القادمة لا تعلمين ماذا سيحدث لكِ، ومن الممكن أن تفقدي حياتك لا قدر الله.

حكيمة (ضاحكة): ما كل هذا! حسناً أعدك بأنني سأهتم لصحتي.

عبدالرحمن: أتمنى ذلك، عليّ الذهاب الأن، أراكِ لاحقاً، إلى اللقاء.

حكيمة: إلى اللقاء.

****

زارتها صديقاتها بالمستشفى مرة أو مرتين، ولكن عبدالرحمن كان يزورها يومياً ليطمئن على صحتها، كما لاحظت صديقاتها والممرضات اهتمامه الشديد بها، أيضاً لاحظت حكيمة ذلك، ولكنها ظنَّت بأنه معجب كباقي المعجبين برواياتها.

كتب لها الطبيب موعداً للخروج من المستشفى، وأخبرها بأن عليها المتابعة معه بشكل شهري، شعرت حكيمة بالسعادة؛ لأنها ستعود لحياتها الطبيعية وللعمل، ولكن شعرت بقليل من الحزن؛ لأنها لن ترى عبد الرحمن مرة أخرى.

وعندما زارها عبد الرحمن للمرة الأخيرة، أعطاها بطاقة تحتوي على أرقامه وعنوان عيادته النفسية، وأخبرها بأنه جاهز لمساعدتها في أي وقت.

****

تغيرت معاملة والديها معها بعد الأزمة الصحية التي تعرضت لها، وأصبحت والدتها ألطف كثيراً، وكذلك والدها بدأ بالاستماع لرأيها وأصبح يعاملها بشكل أفضل.

هل كان من اللازم أن تتعرض حكيمة لهذه الأزمة الصحية في وقت مبكر كي يشعر والداها بأهميتها؟

****

عادت حكيمة للعمل ولحياتها الروتينية، وكان لديها الكثير من الضغوطات العائلية وضغوطات العمل، فشعرت بأنها بحاجة لشخص كي تتحدث معه وتخبره بما تشعر كي يخفف تلك الضغوطات عنها، كما كانت تعاني من الأرق كالعادة، فخطر لها أن تذهب لعيادة عبد الرحمن، وقامت بالاتصال به لحجز موعد في عيادته، فأخبرها بأنه ينتظرها في أي وقت.

ذهبت لعيادة عبد الرحمن في صباح اليوم التالي..

عبد الرحمن: أهلاً وسهلاً بكِ في عيادتي المتواضعة.

حكيمة: أهلاً بك، لقد فكرت كثيراً قبل القدوم إلى هنا، ولكن كان عليّ اتخاذ هذا القرار.

عبد الرحمن: إنه قرار رائع، وكل ما يحدث أو يُقال هنا سيبقى سراً بيننا، هيا اجلسي على الأريكة وأخبريني ما بكِ.

جلست حكيمة على الأريكة ولم تتردد في إخباره بأي شيء، وبدأت تتحدث معه وكأنها تعرفه منذ عشرات السنين.

عبد الرحمن (بضيق على حالها): لم أتوقع بأن كاتبة مشهورة مثلك قد عانت من العنف الأسري والتنمر، لم أتوقع أن خلف تلك الابتسامة الجميلة وجعاً كبيراً وذكريات مؤلمة! كيف تمكنتِ من الصمود كل هذا الوقت؟

حكيمة: لم يكن لدي خيار، كان عليّ البقاء صامدة، وكان عليّ النهوض دائماً بعد السقوط.

عبدالرحمن: أنتِ قوية جداً يا حكيمة، ولا أظن أنكِ بحاجة إلى طبيب نفسي، أنتِ بحاجة لشخص يشعربكِ فقط، وسأكون هذا الشخص.

حكيمة: شكراً لك، ولكن لا أريد أن أرهقك معي، إنني بخير حقاً، ولكن كنت بحاجة لشخص يسمعني، وليس من المهم إن شعر بي أم لا.

عبد الرحمن: أنا سأسمعك وسأشعر بكِ دائماً.

ودار بينهما حديث طويل، شعرت حكيمة بالراحة بعده، وبدأت المكالمات الهاتفية والرسائل على مواقع التواصل الاجتماعي تزيد بينهما بشكل واضح.

****

بدأت حكيمة تسأل نفسها عندما كانت مستلقية على الفراش: هل وقعت في حبه؟ لا لا مستحيل، ولكن ما سبب خفقان قلبي الذي لا يحدث إلا عندما أراه؟ وما سبب تفكيري الدائم به؟ وما سبب شعوري بالسعادة عند تلقي رسالة منه؟

شعرت حكيمة بأن عبد الرحمن مختلف كثيراً عن جميع الرجال الذين قامت برؤيتهم في حياتها، فهو مختلف عن أقاربها، زملائها بالجامعة، زملائها بالعمل، وكأنه ملاك هبط من السماء ليساعدها وليخفف عنها كل شيء.

****

وفي سرة كانت حكيمة تتحدث مع عبد الرحمن بالهاتف.

حكيمة: هل يمكنني أن أسألك سؤالاً واحداً فقط؟

عبد الرحمن: بالطبع ، تفضلي.

حكيمة: لماذا كذبت على الأشخاص الذين كانوا بالندوة وأخبرتهم بأنك طبيب؟

عبد الرحمن (مازحاً): لأنني طبيب بالفعل هههه.

حكيمة: أعلم بأنك طبيب، ولكنك طبيب نفسي، ولكن لماذا حاولت مساعدتي؟ ولماذا بقيت بجانبي وأنا بالمستشفى؟ وما سبب اهتمامك الشديد بي؟

عبد الرحمن (بلا تردد): لأنني أحبك.

حكيمة (بارتباك): ماذا؟!

عبد الرحمن: نعم، أنا أحبكِ منذ أول مرة رأيتك بها، وأحبكِ منذ أول رواية قرأتها لكِ، أنا أحبكِ كثيراً يا حكيمة، لهذا أسعى للبقاء بجانبك دائماً، وأحاول فعل أي شيء لكي أرى الابتسامة على وجهك.

حكيمة: عليّ الذهاب الآن، سأتحدث معك لاحقاً.

عبد الرحمن: هل تحبينني كما أحبك يا حكيمة؟

حكيمة (محاولةً التهرب من سؤال عبدالرحمن): إلى اللقاء.

أغلقت الهاتف قبل أن يرد، وبدأت تبكي؛ لأن مشاعرها مختلطة ومتشابكة أكثر من أسلاك السماعات.

كانت تخشى من الوقوع في الحب، وتخشى أن تنطفئ كما انطفأت الكثير من النساء، وكذلك خشيت أن يتغير عبد الرحمن مع الوقت، وأن يصبح رجلاً شرقياً تقليدياً، كما خشيت أن تتعرض لنفس المشاكل التي تعرضت لها صديقاتها والكثير من النساء اللواتي وقعن في الحب.

كانت هذه هي المرة الأولى التي يدق بها قلبها لرجل، وفي الحقيقة سمعت حكيمة كلمة أحبك من العديد من الرجال، حتى عندما كانت تعاني من الوزن الزائد، ولكن كلمة أحبك كانت مميزة أكثر عندما خرجت من ثغر عبدالرحمن.

أصبحت حكيمة تتهرب من مكالمات عبد الرحمن ومن رسائله أيضاً، لم تعلم ما سبب تهربها منه، ولكن شعرت بأن هذا هو الخيار الأفضل، وحاولت أن تملأ وقتها بالنشاطات والكتابة، وأن تتفرغ لحياتها العملية بقدر الإمكان.

****

وبعد مرور ثلاثة أسابيع تقريباً رن جرس منزلها، وكان الطارق هو عبد الرحمن.

عبد الرحمن: هل هذا منزل حكيمة؟

والدة حكيمة: نعم، من أنت؟ أظن أنني رأيتك منذ فترة قريبة.

عبد الرحمن: أنا الطبيب عبدالرحمن، هل يمكنني الدخول؟

85

والدة حكيمة: لقد تذكرتك، بالطبع يا بُني تفضل، هل تريد قهوة أم شاياً؟

عبد الرحمن (مازحاً): كما تشائين يا سيدتي، ولكنني سمعت بأن قهوتكم لذيذة.

ضحكت والدة حكيمة مجاملة وأمرت المساعدة المنزلية بإحضار فنجان من القهوة التركية وكأساً من الماء البارد للضيف.

دخلت جميلة للغرفة وقالت: هنالك شاب وسيم للغاية يريدك يا حكيمة.

توقعت حكيمة أن يكون الرجل الذي بالخارج هو عبد الرحمن، بدلت ملابسها وخرجت لغرفة المعيشة لتجد عبد الرحمن ينتظرها.

حكيمة (متسائلةً): لماذا أتيت إلى هنا؟

عبد الرحمن: اشتقت إليكِ كثيراً، لماذا لا تجيبين على مكالماتي ورسائلي؟ لقد قلقت عليكِ كثيراً، وظننت أن مكروهاً ما قد حدث لكِ.

حكيمة: أنا بخير، ولكن لا أريد التحدث مع أي شخص.

عبد الرحمن: أنتِ تتهربين مني يا حكيمة، أنا أعلم ذلك.

حكيمة (بدهشة): وكيف علمت ذلك؟

عبد الرحمن: هل نسيتِ بأني طبيب نفسي، وأستطيع فهم الآخرين حتى في أثناء صمتهم؟

حكيمة: ما الذي تريده مني؟ أرجوك أخبرني.

عبد الرحمن: أريد أن أتزوجك، وأن نقوم ببناء أسرة صغيرة سعيدة.

حكيمة: هل لاحظت بأنك متسرع كثيراً؟ وكذلك أنا لا زلت صغيرة على الزواج، ولدي الكثير من الأحلام التي أريد أن أحققها.

عبد الرحمن: لقد حددت موعداً مع والديك لكي أتقدم لكِ بشكل رسمي، وعندها ستقررين هل أنتِ موافقة أم لا.

****

شعرت حكيمة بأن عبد الرحمن متسرع كثيراً، وعندما أخبرت صديقاتها بما حدث، قالت إحداهن: لماذا تتهربين! عبد الرحمن يحبك كثيراً، والحب واضح في أفعاله، لقد تقدم لكِ كي يتزوجك، ولم يفعل ما يفعله معظم شباب هذا الجيل، حاولي أن تعطيه فرصة واحدة على الأقل، وأيضاً أنتِ الآن في

منتصف العقد الثاني من عمرك، ولستِ صغيرة على الحب أو الزواج أو الأمومة.

فكرت حكيمة في كلام صديقتها، وشعرت بأنه كلام واقعي، وكذلك شعرت بأن عليها إعطاء عبد الرحمن فرصة واحدة على الأقل كما أخبرتها صديقتها.

****

اتصلت حكيمة بعبد الرحمن في المساء، ورحب بها ترحيباً حاراً.

حكيمة: أريد إخبارك بشيء.

عبد الرحمن: ما هو؟ أتمنى أن أسمع الشيء الذي في بالي.

حكيمة: لقد سألتني سؤال منذ فترة، ولم أجب على هذا السؤال، هل يمكنك إعادته مرة أخرى؟

عبد الرحمن: بالطبع سأعيده حتى أسمع "نعم، أنا أحبك"، هل تحبينني كما أحبك يا حكيمة؟

حكيمة (بتردد): نعم!!

عبد الرحمن: أكملي الجملة من فضلك.

حكيمة (ضاحكةً بخجل): حسناً، نعم أنا أحبك أيضاً.

عبد الرحمن (وهو يصرخ من شدة السعادة): أخيراً، أشعر بأن الحياة أصبحت ملونة، وبأن كل خلية في جسدي ترقص من السعادة!

حكيمة (باستغراب): لهذه الدرجة؟!

عبد الرحمن: ولأكثر من هذه الدرجة، لماذا لم تخبريني ذلك من قبل؟

حكيمة: لأنني أخشى من الوقوع في الحب، وأخشى أن تتغير مع الوقت، وأن تصبح رجلاً شرقياً تقليدياً ومُملاً.

عبد الرحمن: أعدكِ بألّا أتغير، وبأن أجعلك أسعد إنسان على وجه الأرض.

حكيمة: أنت تتحدث مع كاتبة، وأنا أعلم أن تلك الوعود لن تبقى للأبد، الحب موجود فقط في الروايات وأساطير الحب.

عبد الرحمن: سأثبت لكِ بأن هنالك حباً حقيقياً موجوداً على أرض الواقع.

حكيمة (ضاحكة): لنرَ ذلك.

****

وفي يوم الجمعة جاء عبد الرحمن مع عائلته كي يتقدم لحكيمة بشكل رسمي، وكان اللقاء بين العائلتين لطيفاً جداً، وأخبرهم والد حكيمة بأنه سيتصل ليخبرهم بقبولهم أو رفضهم لعرض الزواج بأقرب وقت ممكن.

دار حوار بين أفراد عائلة حكيمة بعد ذهاب عائلة عبد الرحمن.

والد حكيمة: أعتقد بأنه شاب محترم ومناسب جداً لحكيمة.

والدة حكيمة: وأنا كذلك، وأيضاً شعرت بالارتياح لوالدته كثيراً، وظلت تثني على ابنتنا، وتقول عنها أجمل الكلام.

والد حكيمة: وكذلك والده رجل محترم، وراقٍ جداً في التعامل مع الأخرين.

أنوار: لا أظن بأنه مناسب لها، إنه طبيب نفسي، وسمعت في مرة من المرات بأن الأطباء النفسيين مجانين، وهم بحاجة لعلاج نفسي أكثر من المرضى!

حكيمة (بعد أن طفح الكيل): أرجوكِ لا تتدخلي في هذا الموضوع، يكفي بأنك السبب بما حدث لي بالماضي، وأتمنى أن لا تفسدي هذا الموضوع.

أنوار (بسخرية): لماذا تدافعين عنه؟ هل وقعتِ في حبه؟

حكيمة: هذا ليس من شأنك!

واشتد النقاش بينهما وأدى إلى الشجار، حيث ارتفع صوتاهما بشكل واضح، فتدخلت الوالدة كي تنهي هذا الشجار.

والدة حكيمة: هذه المرة حكيمة ستقرر، يكفي ما فعلناه بالماضي، لم نعطها الفرصة لتختار ما تريد، أشعر بأننا ظلمناها، ولا أريد أن نظلمها مرة أخرى.

والد حكيمة (ملتفتاً إلى حكيمة): هل أنتِ موافقة على الزواج بعبد الرحمن؟

حكيمة بخجل: افعل ما تراه مناسباً يا أبي.

والد حكيمة (ضاحكاً): مممممم إذن أنتِ موافقة، سأخبرهم بأننا قبلنا بعبد الرحمن زوجاً لكِ، وبالفعل لن أجد صهراً مناسب أكثر منه.

والدة حكيمة: أوافقك الرأي، إنه مناسب جداً لحكيمة، وحبه لها واضح من نظراته ومن أفعاله، أتمنى من الله أن يتمم هذا الزواج على خير.

الجميع عدا أنوار: آمين.

دخلت حكيمة للغرفة الخاصة بها، وكانت السعادة تملأ قلبها، لم تتوقع أن تتذوق طعم الحب، فطعمه حلو للغاية وبه

لذعة مؤلمة ولكنها لذيذة، ولم تتوقع بأنها ستتزوج كباقي الفتيات، كانت تخشى منذ الصغر بأن تبقى آنسة إلى الأبد.

****

تمت خطوبة حكيمة وعبد الرحمن بعد أسبوع فقط، وامتلأت مواقع التواصل الاجتماعي بالتهاني والتبريكات، وبفضل الله خابت ظنون الأشخاص الذين أخبروا حكيمة في السابق بأنها لن تتزوج، وبأنها قبيحة ولن ينظر إليها أي رجل.

وبالطبع سمعت الكثير من التعليقات السلبية من أقاربها، فالبعض انتقد اختلاف جنسية حكيمة وجنسية عبد الرحمن، والبعض انتقد فرق العمر بينهما؛ لأن عبد الرحمن يكبرها بعشر سنوات تقريباً، وهذه المرة لم تهتم حكيمة لتعليقاتهم، وأخبرتهم بأنها سعيدة جداً، وبأن الاختلاف ليس مهماً، وأن الحب هو أهم شيء، وعلاوة على ذلك أخبرتهم بأن رأيهم كعدمه، فعم الصمت ولم تسمع أي تعليقات منهم منذ ذلك اليوم.

أدركت حكيمة في ذلك الوقت أن خطأها الوحيد في الماضي هو صمتها، فعلى الشخص أن يرد بأسلوب لائق على التعليقات

92

السلبية الموجهة له، وألَّا يخشى أحداً، فالبعض يظنون بأننا ضعفاء عندما نصمت.

****

كانت سعيدة جداً في تلك الفترة؛ لأن الحب الحقيقي يعطي بهجة للحياة، وكانت تشعر بالارتياح؛ لأن الجميع يعلمون بقصة حبها؛ ولأنها لن تضطر للاختباء كالفئران عندما تتواجد مع الشخص الذي تحبه.

وتحولت كل تلك السعادة إلى تعاسة عندما وصلها خبر وفاة نوح وهو أحد زملائها بالعمل، وشعرت بتأنيب ضمير عندما تذكرت الموقف الذي حدث بينهما، كان يرغب بالزواج منها، ولكنها رفضت لعدة أسباب، وأهمها أن حبها له هو حب أخوي لا أكثر.

شعرت بأنها المسبب الرئيسي لموته، ولكن في الحقيقة الموت هو سُنة من سنن الحياة، وجميعنا سنرحل بلا عودة في يوم من الأيام، وشعرت بالندم؛ لأنها لم تبادله نفس الشعور، ولكن لا يستطيع الانسان غرس محبة أي شخص في قلبه، فالقلب هو العضو المشاغب.

93

فبكت بحرقة وعادت ذاكرتها للوراء لتتذكر جميع الذين انتقلوا إلى رحمة الله، كما شعرت بشوق كبير لهم، وشعرت بأن السنوات تمر بسرعة مخيفة، فلقد مَر الكثير من الوقت على فراقهم.

تغلغل الحزن إلى أعماقها، وأهملت الأدوية الخاصة بها، وكذلك ابتعدت عن الجميع في تلك الفترة وبالأخص عبد الرحمن الذي لا ذنب له بما حدث.

مَر على حزنها يوم فأسبوع فشهر، وفي الواقع لم تعلم هل هي حزينة على زميلها الذي توفي، أم لأن وفاته قد فتحت الجرح الذي بالكاد قد أغلقته.

****

واستيقظت على صراخ والدتها في أحد الأيام وهي تنادي عليها، فسألت والدتها عن سبب صراخها، فأخبرتها بأنها تريد زيارة إحدى صديقاتها وأنها ترغب بأخذها معها، وبالطبع رفضت حكيمة، ولكن إصرار والدتها جعلها تقبل.

وصلوا إلى الشقة وضغطت حكيمة على زر الجرس، ليفتح عبد الرحمن لها، شعرت بالدهشة وسألته عن سبب تواجده في تلك الشقة.

عبد الرحمن: لا يهم، أغلقي عينيكِ وتمسكي بي جيداً.

حكيمة (بدهشة): ما الذي يحدث؟

عبد الرحمن: هيا اسمعي كلامي لمرة واحدة فقط!

فأغلقت عينيها ولحقت به، دخلوا إلى إحدى الغرف الموجودة في تلك الشقة، وإذ بها تسمع صوت تصفيق.

فتحت عينيها لترى صديقاتها وأفراد عائلتها متواجدين في الغرفة.

ورأت لوحة مُعلقة على الحائط مكتوب بها: "تملكين وجهاً خلق ليبتسم.. إياكِ والعبوس".

وأخذت تنظر للغرفة لتجد البالونات، والهدايا، والطعام الشهي على الطاولة، وأكثر شيء لفت انتباهها هو باقة الورد الصناعي، الذي كتب عليها: "سأبقى أحبك حتى يذبل هذا الورد".

تساءلت ما سبب تلك المفاجأة، فأخبرها عبد الرحمن بأنها مفاجأة بلا سبب، وبأنه أقام ذلك الاحتفال البسيط ليعيد السعادة لقلبها المفطور، وإن هذه الشقة الجميلة ستصبح

شقتهما بعد الزواج، كانت السعادة تملأ قلوب الجميع وبالتحديد حكيمة؛ لأنها أدركت في ذلك الوقت بأن عبد الرحمن يحبها كثيراً، وبأنه سيتحملها في كل الأوقات.

****

استيقظت حكيمة في اليوم التالي على صوت هاتفها الذي يرن منذ أكثر من ساعة، وكان المتصل هو الطبيب الذي يتابع حالتها الصحية.

حكيمة: السلام عليكم.

الطبيب: وعليكم السلام، كيف حالك؟

حكيمة: الحمد لله بخير، ماذا عنك؟

الطبيب: أنا بخير الحمد لله، لماذا لم تحضري إلى متابعتك هذا الشهر؟

حكيمة: كنت مشغولة بعض الشيء، فكما تعلم أنا كاتبة، ولدي بعض الالتزامات، وكذلك إنني أقوم بالتحضيرات لزفافي.

الطبيب: لا بأس، ما رأيك أن تأتي اليوم كي أتفحص حالتك الصحية؟

حكيمة: حسناً، سأكون بالمستشفى في الظهيرة بإذن الله.

الطبيب: وأنا سأكون بانتظارك.

أغلقت حكيمة الهاتف، وإذ به يرن مرة أخرى، وكان المتصل هذه المرة هو عبد الرحمن.

عبد الرحمن: صباح الخير يا جميلتي، اشتقت إليكِ كثيراً.

حكيمة (ضاحكة): صباح النور، لقد كنا بالأمس سوياً، هل اشتقت إليَّ بهذه السرعة؟!

عبد الرحمن: أنا أشتاق إليكِ عندما تكونين بجانبي، فكيف يكون الأمر عندما تبتعدين عني؟

حكيمة: ما كل هذه الرومانسية ههههههههه، ما رأيك أن نذهب لتناول الغداء في أحد المطاعم بعد عودتي من المستشفى؟

عبد الرحمن (بقلق): بالطبع، ولكن لماذا ستذهبين إلى المستشفى؟! هل أنتِ بخير؟

حكيمة: لدي كشف شهري بسيط للقلب، لا تقلق إني بخير؛ لأنك بجانبي دائماً.

عبد الرحمن: آاااااه، لقد نسيت الأمر، هل يمكنني مرافقتك للمستشفى؟

حكيمة: بالطبع، كما تشاء.

****

قامت حكيمة بالفحوصات اللازمة بعد وصولها مع عبد الرحمن للمستشفى، وانتظرت لساعات حتى يخبرها الطبيب بحالتها الصحية، وإذ به يدخل إلى الغرفة، وكان الحزن يغطي وجهه كالقناع.

عبد الرحمن (بقلق): ما هي الأخبار؟ هل كل شيء على ما يرام؟

الطبيب (بحزن وأسف): يؤسفني أن أخبركم بأن هنالك بعض الأخبار السيئة.

وجه الطبيب السؤال لحكيمة وقال: هل تناولتِ جميع الأدوية التي كتبتها لكِ؟ وهل ابتعدتِ عن السهر والتفكير الزائد كما نصحتك؟

حكيمة: مممممممم، لأكون صريحة لقد التزمت في البداية، ولكن انشغلت في الآونة الأخيرة، فأهملت الأدوية الخاصة بي، وأيضاً كنت أسهر حتى وقت متأخر لأسباب خاصة، ولكن ما سبب تلك الأسئلة؟

الطبيب: بسبب إهمالك الشديد لصحتك، لقد تدهور الوضع، ولاحظت بأن لديكِ بعض المشاكل في القلب، وإن لم نعالج الأمر، سنضطر لإجراء عملية جراحية.

عبد الرحمن (محاولاً أن يحبس دموعه): هل الوضع خطير للغاية؟

الطبيب: لا، ولكن عليها الالتزام بكل تعليماتي، وأيضاً الحمل والولادة في هذه الفترة سيشكلان خطراً عليها وعلى الجنين، لذلك أنصحكم بتأجيل هذه الفكرة حتى تتحسن حالة قلب حكيمة.

خرجت حكيمة من غرفة الطبيب باكية، لم تكن خائفة من الموت، ولكن شعرت بأن الموت رفضها عندما كانت تتمناه، والآن الحياة ترفضها؛ لأنها تتمناها. وأكثر ما أحزنها هو أن وضع قلبها الصحي يمنعها من الأمومة، والجميع يعلمون بأن كل فتاة تحلم بأن تصبح أماً منذ نعومة أظفارها، فالأمومة غريزة في كل أنثى.

****

خرج عبد الرحمن من الغرفة ليلحق بها، وليخفف عنها..

عبد الرحمن: لماذا تبكين؟ كل شيء سيتحسن مع الوقت،
وبإذن الله ستصبحين بصحة أفضل.

حكيمة (بعيون تملؤها الدموع): هل سمعت ما قاله
الطبيب؟ لن أستطيع أن أنجب طفلاً كي يحمل اسمك؛ لأن
حالتي الصحية لا تسمح بذلك، وسأحرمك من نعمة الأبوة،
أنصحك بأن تتركني، وأن تتزوج بفتاة أخرى، أعلم بأن قلبي
لن يتحسن، وأن الطبيب يخدعني كي يخفف عني.

عبد الرحمن: ما هذا الهراء الذي تقولينه! لقد أخبرني
الطبيب بأن قلبك سيتحسن عندما تتبعين إرشاداته، وعندما
تتحسن صحتك سوف ننجب الكثير من الأطفال، وحينها
سألقبك بالأرنبة ههههههه.

حكيمة: لا أظن ذلك، لم أرغب في الوقوع بالحب لهذا
السبب، دائماً تأتي لحظات الحزن بعد السعادة، ودائماً تتدمر
أحلامي بسرعة البرق.

عبد الرحمن: هكذا هي الحياة، هناك شيء جيد في كل
شيء سيئ، وهناك شيء سيئ في كل شيء جيد، فلذلك يجب
علينا تجميع الأشياء الجيدة والبحث عنها، كي نعيش حياة
رائعة ومليئة بالسعادة.

حكيمة (ضاحكة): توقف عن اقتباس عباراتي.

عبد الرحمن: ما أجمل وجهك عندما تضحكين.

حكيمة: لا أعلم كيف أشكرك على كل ما تفعله معي، أنا أحبك كثيراً، وأخشى أن أفقدك، فأنت كالمصباح الذي يضيء جميع أركان حياتي.

عبد الرحمن: وأنا أحبك أكثر بكثير، وسأبقى بجانبك حتى آخر نبضة من نبضات قلبي، وآخر نفس من أنفاسي.

حكيمة: ولكن أريدك أن تعدني بشيء، وهو أن يكون كل ما سمعته اليوم سراً بيننا.

عبد الرحمن (باستغراب): حسناً، ولكن لماذا؟

حكيمة: لأنني لا أريد أن أرى الشفقة في عيون الآخرين.

عبد الرحمن: أتفهَّم موقفك، حسناً أعدك بأن كل ما سمعته سيبقى سراً، ولن أخبر أي أحد به.

حكيمة: أشكرك على تفهم موقفي.

عبدالرحمن: هذا واجبي.

****

دخل عبد الرحمن وحكيمة إلى القفص الذهبي بعد عدة أشهر، كان حفل زفافهما أسطورياً، حضره الكثيرون، كما

حضر بعض الصحفيين له، وتحول لقبها من آنسة إلى مدام، ومع الوقت أدركت حكيمة بأن الحياة الزوجية ليست بهذا السوء، ولكن علينا أن نحسن الاختيار فقط.

كان زوجها عبد الرحمن يساعدها بأعمال المنزل كغسل الأطباق، الطبخ، شراء مستلزمات المنزل، وترتيب الملابس، كل هذا جعلها تشعر بأنها تزوجت من الشخص الصحيح؛ لأنه يعاملها كشريكة وليس كخادمة، وكذلك كان يساعدها بالكتابة ويعطيها أفكاراً لروايتها الجديدة، ولم يمنعها من العمل، أو من الخروج للتنزه مع صديقاتها، وأيضاً لم يمنعها من زيارة أهلها أو المبيت في منزلهم؛ لأنه يعلم بأن هذه الأشياء هي أبسط حقوقها كإنسان.

****

وبعد مرور سنة وستة أشهر على زواجهما، استيقظت حكيمة وكانت تشعر بأنها ليست على ما يرام، كانت تشعر بالغثيان والدوار، وبدأت تتقيأ، فاستيقظ عبد الرحمن عندما سمع صوتها وهي تنادي عليه.

عبد الرحمن (بقلق): ما بكِ يا عزيزتي؟

حكيمة: لا أدري، أشعر بالغثيان، ولا يمكنني الوقوف على قدميّ.

عبد الرحمن: أظن بأنك قد تسممتِ من عشاء الأمس الذي تناولناه بالمطعم.

حكيمة: وأنا أظن ذلك أيضاً، فكما تعلم إن معدتي حساسة، ولا تتحمل جميع أنواع الأطعمة التي تحتوي على الزيت.

وركضت إلى الحمام كي تتقيأ، فذهب عبد الرحمن للمطبخ ليغلي لها بعض الأعشاب المهدئة للمعدة.

عبد الرحمن: سأعتذر عن مواعيد اليوم، وسأبقى بجانبك.

حكيمة: لا داعي لذلك، إنني بخير، اذهب للعمل فجدولك ممتلئ اليوم، ولا أريد أن تضيع الجلسات النفسية على المرضى فهم بحاجة لها.

عبد الرحمن: تفكرين بمصلحة الآخرين حتى عندما تكونين مريضة، كم أنتِ طيبة القلب، وكم أنا محظوظ بكِ!

حكيمة (ضاحكة): توقف عن الغزل، واذهب للعمل.

عبد الرحمن (و هو يضحك): حسناً ماما حكيمة، عليكِ الذهاب للطبيب، فيبدو على وجهك الإعياء، ولا تبدين بحالة جيدة.

حكيمة (ضاحكة): حسناً بابا عبد الرحمن.

بدّل عبد الرحمن ملابسه وتوجه لعمله، وظلت حكيمة تفكر ما سبب شعورها بالدوار والإرهاق، وبعد تفكير دام لساعة ونصف تقريباً، اتصلت بوالدتها، وأخبرتها بما تشعر.

والدة حكيمة (بفرح وابتهاج): مبروووووك، أنتِ حامل بالطبع.

حكيمة: لا أظن ذلك، اعتقد بأنها حالة تسمم عادية.

والدة حكيمة: ما رأيك أن نذهب للطبيب كي نتأكد؟

حكيمة: فكرة جيدة، أتمنى أن لا أكون حاملاً.

والدة حكيمة: لماذا؟ الأطفال نعمة من الله، وشعور الأمومة لا يوصف يا بْنتي.

حكيمة: بالطبع، الأطفال نعمة كبيرة، وهم كالإسفنجة التي تمتص جميع أحزاننا، ولكن هذا الوقت ليس مناسباً لكي أصبح أماً.

والدة حكيمة (بقلق): لماذا؟

حكيمة: لا شيء، هيا سأرتدي ملابسي وسأمُر لآخذك بعد نصف ساعة تقريباً.

والدة حكيمة: حسناً.

****

وعندما فحصتها الطبيبة، أخبرتها بأنها ستصبح أماً بعد سبعة أشهر تقريباً، وبالطبع شعرت حكيمة بالسعادة؛ لأنها تحمل بداخلها جزءاً من عبد الرحمن، ولكن سرعان ما تذكرت كلام الطبيب الذي أخبرها بأن الحمل والولادة سيؤثران على قلبها، وبأنها من الممكن أن تخسر حياتها أو حياة الجنين، فقررت ألَّا تخبر عبد الرحمن؛ خوفاً عليه من الحزن والضيق.

عادت للمنزل، وظلت شاردة الذهن، كانت تفكر بشعور عبد الرحمن عندما سيسمع الخبر، كما حذرت والدتها بألَّا تخبر أحداً، وبالأخص عبد الرحمن، وعندما سألتها والدتها عن السبب، أخبرتها بأنها تريد أن تفاجئ الجميع لاحقاً.

****

عاد عبدالرحمن إلى المنزل في المساء، ولاحظ الحزن الذي يغطي ملامح حكيمة.

عبد الرحمن: ما بلِك يا عزيزتي؟ بما أخبرتك الطبيبة؟

105

حكيمة: ممممم لا شيء، حالة تسمم بسيطة.

عبد الرحمن: لا أظن ذلك، أخبريني ما بكِ؟

حكيمة (محاولةً تغيير الموضوع): هيا أخبرني كيف كان يومك؟

عبد الرحمن: الحمد لله، لقد كان بالي مشغولاً بكِ كثيراً، وحاولت الاتصال بك أكثر من مرة ولم تجيبي!

حكيمة: أنا بخير، لا تقلق.

عبد الرحمن: أتمنى ذلك.

****

في يوم الجمعة، كان هناك اجتماع عائلي في منزل والديّ حكيمة، وكان الجميع متواجدين في غرفة المعيشة، وإذ بأنوار تفشي السر الذي حاولت حكيمة أن تخفيه على زوجها.

أنوار: عبد الرحمن، هل تريد فتاة أم صبياً؟ وما الأسماء المفضلة إليك؟

عبد الرحمن باستغراب: ممممم.. لمَ تسألين هذه الأسئلة؟ برأيي كل شيء خلقه الله جميل، ولا فرق بين الأنثى

والذكر، الأهم هو أن يكون الطفل بحالة جيدة، وبالنسبة لأسماء، برأيي كل طفل يأتي للدنيا ويأتي اسمه معه.

أنوار (بخبث): أنتِ محظوظة يا حكيمة؛ لأن زوجك رجل عاقل.

فاختارت حكيمة الصمتَ رفيقاً لها، بينما كانت الأسئلة تنهش عقل عبد الرحمن؛ لأن تلميحات أنوار وأسئلتها تثير الشك.

وبعد نصف ساعة قدمت والدة حكيمة الفاكهة للجميع.

حكيمة: هل يمكن أن تناوليني قطعة من الأناناس يا أمي؟

أنوار (بخبث): لااااا!! سمعت في مرة من المرات أن الأناناس مضر للجنين.

عبد الرحمن بصدمة: أي جنين!

أنوار (بسخرية): ألم تخبرك حكيمة بأنها حامل بالشهر الثاني؟

صرخت حكيمة قائلة: ألن تتغيري أبداً!

وقفت وأخبرت عبد الرحمن بأنها تريد العودة للمنزل؛ لأنها مرهقة وتريد أن ترتاح، فنهض عبد الرحمن من مقعده، بعد أن تأكد بأن اعتقاداته كانت في محلها، واتجها إلى السيارة، وفي طريقهما للمنزل، كان الصمت يعم أرجاء السيارة، كان عبد

الرحمن يريد أن يطرح عليها العديد من الأسئلة، ولكنه فضّل الصمت، وحكيمة كذلك كانت تريد أن تخبره بسبب إخفائها للموضوع، ولكنها فضّلت الصمت أيضاً، وبالطبع لم يوبخ أحد أنوار على ما فعلته، وعم الصمت أرجاء المنزل أيضاً.

عادت حكيمة مع عبد الرحمن للمنزل بعد نصف ساعة تقريباً، ولكن شعر كلاهما بأنها كانت نصف قرن، وليست نصف ساعة، فالوقت الذي يتخلله الصمت يكون طويل للغاية.

وبعد تفكير طويل، قررت حكيمة أن تتحدث معها زوجها، وأن تفتح مجالاً للنقاش حول ما حدث؛ لأن صمته كان يذبحها.

حكيمة (بتردد): عبد الرحمن، هل يمكننا التحدث؟

عبد الرحمن (ببرود): بالطبع.

حكيمة: أنا أعتذر؛ لأنني لم أخبرك بأنني حامل، ولكن لدي أسبابي الخاصة التي منعتني عن ذلك.

عبد الرحمن: لماذا لم تخبريني؟ ألسنا روحاً واحدة منقسمة في جسدين؟

حكيمة: لقد كنت خائفة من ردة فعلك، خشيت أن تشعر بالحزن والضيق، وصدقني لم أخبر أحداً سوى أمي، ولكن للأسف قامت أمي بنشر الخبر للجميع.

عبد الرحمن: لا أعلم ماذا أقول، ولا أدري بما أشعر الآن، أشعر بالسعادة؛ لأنني سأصبح أباً، ولكنني أخشى أن أخسر أحدكما، ولا أعلم ماذا سأقول لابننا أو ابنتنا حين يسألني أو تسألني أين ماما؟ لا أدري كيف سأعيش إذا خسرتك، سأصبح جسداً بلا روح.

وبدأ عبد الرحمن يبكي كالطفل الذي كُسِرت دميته، كانت هذه هي المرة الأولى التي ترى بها حكيمة عبد الرحمن وهو يبكي، بدا ضعيفاً ومنكسراً للغاية، فأدركت بأنه يحبها كثيراً، فدموع الرجال غالية جداً، ولا تنهمر إلا في أصعب اللحظات وأصدقها.

مرت الساعات وجاء موعد النوم، وضع الجميع رؤوسهم على الوسادات، فنامت الأجساد في تلك الليلة، ولم تنم العقول والقلوب.

****

وفي اليوم التالي ذهبا إلى الطبيب، وأخبرهما بأن وضع قلبها لم يتحسن، وبأن هنالك احتمالاً كبيراً أن يخسر عبد الرحمن أحدهما أو كليهما في لحظة الولادة.

وبعد ذلك الخبر حاول عبد الرحمن استغلال كل الوقت مع حكيمة، كما أخذ كلاهما إجازة من العمل، وحاولا جاهدين عدم التفكير في المواضيع السلبية.

وبعد شهرين تقريباً، ذهبا لمعرفة جنس الجنين، وأخبرتهم الطبيبة بأن حكيمة حامل بفتاة، فعمت السعادة قلبيهما، وكما يقول المثل الشعبي: "اللي بدها يسعدها زمانها تجيب بناتها قبل صبيانها".

****

مرت شهور الحمل بسرعة، ووصلت حكيمة للشهر التاسع، فقررت في ذلك الوقت بأن تكتب رسالة لابنتها، ووصت عبد الرحمن بأن يعطي هذه الرسالة لابنتهما عندما تكبر قليلاً إذ لم تكن حكيمة على قيد الحياة في ذلك الوقت. وكتبت في تلك الرسالة:

ابنتي الغالية..

أنا أحبك كثيراً، لم أرَ وجهك ولا ملامحك المكونة من مزيج بين ملامحي وملامح والدك، ولكن أعلم بأنكِ جميلة جداً لدرجة لا يمكن وصفها.

كنت أتمنى أن أحملك بين يديّ، وأن أضمك إلى صدري، وكنت أتمنى أن أعلمك الجلوس، المشي، والكلام، وكنت أتمنى أن أعرف ما هي أول كلمة ستخرج من ثغرك الصغير، وكنت أتمنى أن أقوم بتعليمك الأرقام والأحرف الأبجدية، وأن أراكِ أجمل خريجة من المدرسة ومن الجامعة أيضاً، أو أزفك إلى زوجك بعد ذلك، وأن أحمل أحفادي بين يديّ كما حملتك، ولكن هذه إرادة الله، لقد اختارني الله من بين عباده كي يرحمني من هذه الدنيا.

لا أريدك أن تحزني لفراقي؛ لأننا سنلتقي بالجنة بعد عمر طويل بإذن الله.

وأيضاً أريدك أن تحافظي على الصلاة والعبادة يا فلذة كبدي، وأن لا تسمحي لأحد بأن يكسر قلبك، وكذلك أن لا تهتمي لآراء الآخرين ولا لرضاهم؛ لأن إرضاء الناس غاية لا تدرك، وأيضاً كوني طبيعية وعفوية، وسيرزقك الله بزوج رائع كوالدكِ أتمنى لكِ حياة رائعة ومليئة بالسعادة، الرضا، والتفاؤل.

المرسل:

والدتك التي تحبك..

****

جاء موعد الولادة، ودعت حكيمة الجميع خوفاً بأن تكون هذه هي المرة الأخيرة التي تراهم بها، وأخبرتهم بالحقيقة وهي أن قلبها من الممكن ألّا يتحمل ألم الولادة، وأن هنالك احتمالاً كبيراً بأن تخسر حياتها أو حياة الجنين.

وبعد ذلك ذهبت للمستشفى التي لا تدري كيف ستخرج منها، هل ستخرج واقفة على قدميها أم محمولة بين الأيادي وملفوفة بكفنها الأبيض؟

دخلت غرفة العمليات وكان وجه عبد الرحمن آخر وجه رأته، وبعد ذلك أغلقت عينيها التي لا تعلم هل ستفتحها مرة أخرى أم لا.

وبعد ساعات...

الطبيب وهو يصرخ: هيا أسرعوا، لقد أنقذنا الطفلة ولكن حالة الأم غير مستقرة، إن نبضها يتباطأ، أحضروا الصعقات الكهربائية بسرعة.

الطبيب وهو يحضر الصعقات الكهربائية: واحد اثنان ثلاثة باسم الله!

أعاد هذه الحركة لثلاث أو أربع مرات وكاد أن يفقد الأمل، وإذ بالنبض يتسارع تدريجياً، ثم قام بإجراء عملية بسيطة لقلبها وبعدها خرج الطبيب وهو يلهث من التعب.

والد حكيمة (بقلق):هل ابنتي بخير؟

عبدالرحمن (بقلق أيضاً): هل زوجتي بخير؟ وكيف حالتها الأن؟

والدة حكيمة (باكية): أرجوك أ خبرنا هل هي بخير؟

الطبيب (بهدوء ممزوج بالحزن): لقد أنقذنا الطفلة وهي الحمد لله بحالة جيدة، ولكن حالة الأم غير مستقرة، لقد توقف نبضها وبفضل الله أعدناه، وقمنا بعملية بسيطة لقلبها، ولكن الوضع غير مستقر حتى الآن، وسندخلها للعناية المركزة بعد قليل، وللأسف هي الآن في غيبوبة، ولا ندري متى ستستيقظ، وليس لديكم حل سوى الدعاء لها.

بدأ الجميع بالبكاء، وجلس كل فرد من أفراد عائلتها يتذكر ما فعله لحكيمة.

تذكرت والدتها صراخها الدائم عليها، وتذكرت بأنها لم تستمع لحكيمة في يوم من الأيام، وأدركت بأنها ظلمتها كثيراً عندما فرقت بينها وبين أخواتها بلا سبب مقنع، وتذكر والدها ضربه المبرح لها، كما تذكر اتخاذه للقرارات الخاطئة التي كانت

تدمر أحلام حكيمة، وأكثر شخص شعر بتأنيب الضمير هي أنوار، التي لم تعلم ما هو سبب حقدها وكرهها لحكيمة، وبالرغم من كل ما فعلته بحكيمة، كانت حكيمة تسامحها دائماً وتحاول أن تنسى، وحتى أقاربها الذين سخروا منها في السابق، والذين كانوا السبب في عقدتها النفسية، شعروا بالندم الشديد.

ولكن الندم لن يفعل شيئاً الآن، لقد ندم الجميع في وقت متأخر جداً.

****

في الغرفة الهادئة، على السرير الأبيض الذي بجانبه محلول، وكذلك يوجد بجانبه بعض الأجهزة التي تشير لحالة المريض، كانت حكيمة نائمة، ولا أحد يعلم متى ستستيقظ إلا الله.

دخل عبد الرحمن للغرفة بعد أن قام بالإجراءات اللازمة وبدأ بالتحدث إليها.

عبد الرحمن (بصوت يملؤه الشوق والحنين): كيف حالكِ يا جميلتي؟ اشتقت إليكِ كثيراً يا أميرتي النائمة، واشتقت

لصوتكِ بشدة، هيا انهضي يا كسولة، لقد أرسل المعجبون الكثير من الرسائل لكِ، وأيضاً ابنتنا تنتظركِ وهي بحالة جيدة جداً، هيا انهضي كي نختار اسماً لها فهي الآن بلا اسم، هيا انهضي كي أمزق تلك الرسالة التي قمت بكتابتها لابنتنا، أرجوكِ استيقظي؛ لأنني لا أستطيع أن أحيا دون النظر لوجهكِ الجميل كل صباح، لقد اشتقت إليكِ كثيراً، وأشعر بأن لا لون ولا طعم للحياة دونك، أنا أحبك كثيراً يا حكيمة.

بدأ بالبكاء وخرج من الغرفة لكي لا تشعر حكيمة بأنه قد فقد الأمل.

كانت حكيمة تتمنى أن تنهض لأجله، ولأجل ابنتهما في تلك اللحظة، فهي أيضاً اشتاقت لرؤيته، وتتمنى أن ترى وتحمل ابنتها بين ذراعيها.

وإذ بأنوار تدخل للغرفة لتبدأ بالتحدث معها، وفي الحقيقة لم يخطر ببال حكيمة يوماً بأن أنوار ستتحدث معها كباقي الأخوات الطبيعيات.

أنوار (بندمٍ وصدق): أنا أعتذر لكِ كثيراً، أنا آسفة على كل ما فعلته لكِ بالسابق، أعلم بأنني تأخرت كثيراً في الاعتذار، وبأن اعتذاري أشبه بكوب ماء قدمه شخص لشخص توفي من العطش، ولكن أرجوكِ سامحيني، وأعدك بأنني لن أزعجكِ

مرة أخرى، أشعر بتأنيب ضمير؛ لأنني السبب في الكثير من المشاكل التي حدثت لكي في الماضي، والتي وما زال تأثيرها موجوداً حتى الآن، عندما فكرت بالأمر لم أعلم ما هو سبب حقدي عليكِ، ولم أعلم لما فعلت كل هذا بكِ، كنت دائماً أسخر منكِ، وكنت أنقل أخبارِك للآخرين، وأفضح نقاط ضعفك، وكنت أتنمر عليكِ وأقوم بأخذ مصروفك وألعابك المفضلة، ولم أكن مثالاً على الأخت الكبرى الجيدة، ولكن برغم كل شيء أنا أحبك كثيراً يا حكيمة، وأتمنى لو رزقني الله قلباً كقلبك، أو شخصية مميزة كشخصيتك، أنتِ مميزة جداً، وأعتقد بأن عبد الحمن محظوظ جداً بأنكِ زوجته، وأيضاً ابنتكِ محظوظة لأنكِ والدتها، هيا استيقظي فجميعنا بانتظارك.

كانت حكيمة تستمع إليها وتتمنى أن تستيقظ لكي تخبرها بأنها قد سامحتها، وبأن كل تلك الضغوطات والمشاكل التي تعرضت لها عندما كانت صغيرة، هي السبب الذي جعل شخصيتها مميزة، وهم السبب بأنها أصبحت قوية.

وإذ بها تفتح عينيها، صرخت أنوار من الفرحة ونادت على الممرضة لكي تحضر الطبيب، أو لكي تفعل أي شيء.

****

وبعد عدة أيام أصبحت حكيمة بحالة أفضل، وشعرت بأنها قد وُلدت من جديد.

سامحت الجميع وقررت نسيان كل ما حدث لها في السابق، وأن تتفرغ لعائلتها الصغيرة، التي تتكون من أم وأب وطفلة عبارة عن ثمرة حبهما.

سأل والد حكيمة: ما الاسم الذي ستختارونه لحفيدتي؟

رد عبد الرحمن وحكيمة في نفس اللحظة: حياة.

فأعجب الجميع بهذا الاسم، وبالأخص لأنه اسم يدل على الأمل والتفاؤل.

****

عادوا إلى المنزل وفي المساء جلس عبد الرحمن وحكيمة يتبادلان أطراف الحديث.

حكيمة: ماذا كنت ستفعل لو انتقلت إلى رحمة الله؟

عبد الرحمن (مازحاً): كنت سأتزوج زوجة أخرى هههههههه، أمزح أمزح، في الواقع لم أفكر في هذا الشيء، كنت متأكداً بأن الله سيستجيب دعائي وبأنكِ ستعودين سالمة لنا.

حكيمة: لم أتوقع بأني سأعيش، لقد مر شريط حياتي أمامي، وشعرت بأنني لن أراكم مرة أخرى.

عبد الرحمن: لا تقولي هذا، حمداً لله على سلامتك وسلامة حياة.

حكيمة باستغراب: كيف خطر على بالك بأنني أريد تسمية ابنتنا بهذا الاسم؟

عبد الرحمن: لا أدري، ولكن هذا ما خطر ببالي في تلك اللحظة.

حكيمة (ضاحكة): سبحان الله، كما يقول المثل: "القلوب عند بعضها".

بدأت حياة بالبكاء في تلك اللحظة.

حكيمة: سأذهب للغرفة لأرى ما بها.

عبد الرحمن: قبل أن تذهبي، أريد أن أخبرك بسر خطير.

حكيمة (بقلق): ما هو؟

عبد الرحمن: أنا أحبك.

حكيمة (ضاحكة): وأنا أعشقك.

(النهاية)